자소서 바이블

——— 3.0 ———

Contents

Intro —— 4

Chapter 1
서류 광탈하는 지원자의 특징 ——— 11

Chapter 2
자소서 문항 분석 ——— 25

Chapter 3
필살기 문항 ——— 59

취업 필살기란 | 필살기 경험 고르기 | 경험리스트업 케이스 뱅크
경험 분해하기 | 배경 작성 가이드 | 액션 작성 가이드 | 경험 수치화
자소서 조립하기 | 직무 계열별 케이스 뱅크

Chapter 4
지원 동기 쉽게 작성하기 — 195
지원 동기 | 경제 신문 스크랩 | 지원 동기 조립하기

Chapter 5
기타 문항 — 225
성장과정 | 성격의 장단점

부록 — 249
자유문항 작성 가이드라인 | 자소서에서 자주하는 실수
셀프 자소서 첨삭 체크리스트 | 역량에 대한 이해

Outro 할 수 있다 — 294

: INTRO :
우리는 여전히 당신의 취업 문제를
진짜 해결하고자 한다

취업 유튜버 '면접왕 이형'을 시작한 지도 벌써 7년이 넘었다. 그간 수십만 명의 구독자들과 수많은 취준생들을 만나면서, 우리 팀은 누구도 하지 않았던 연구에 몰두했다고 자부한다. 이제는 자소서 바이블 1.0(2019년)을 지나, AI 시대를 대비한 자소서 바이블 3.0으로 돌아왔다. 기존 2.0(2022년) 버전의 핵심 원리와 관점은 변하지 않았지만, 최근 3년간의 급격한 취업 시장 변화에 맞춰 내용을 대폭 업그레이드했다.

특히 지난 몇 년간 엔데믹, 경제 상황의 변화, 지정학적 리스크, AI 기술의 급격한 발전이 합쳐지며, 취업 시장의 판도가 완전히 달라졌다. 실제 데이터에 따르면 최근 3년간 기업의 채용 방식과 평가 기준이 급격히 변화했고, 경쟁률은 역대 최고 수준이다. 이제는 AI 기반의 평가가 당연해졌으며, 직무역량뿐 아니라 지원자의 가치관과 컬처핏까지 평가 기준으로 자리 잡았다. 더 이상 과거의 방식으로는 이 상황을 이겨낼 수 없다. 그러나 우리가 지난 7년간 연구하면서 명확히 깨달은 한 가지는 바로 이것이다. '몰라서 못하는 것이 아니라, 길이 없다.'고 믿는 잘못된 생각이 가장 큰 걸림돌이다.

이번 『자소서 바이블 3.0』은 바로 이 부분에 더 깊이 파고들었다. 이 책을 읽는 여러분은 AI 시대에 필요한 핵심 방법론을 명확하게 알게 될 것이다. 이미 검증된 '3C4P' 프레임은 더욱 체계적이고 정교하게 다듬었고, 여러분이 쉽게 따라 할 수 있도록 더 많은 최신 필살기 사례와 예시를 풍부하게 수록했다.

무엇보다 이번 개정판에서 가장 큰 변화는 AI를 실제 취업 준비 과정에서 어떻게 올바르게 활용할 수 있는지를 아주 명확히 다뤘다는 점이다. 실제 기업들이 AI를 통해 평가하는 방식을 분석했고, 여러분이 직접 따라할 수 있는 AI 프롬프팅 방법을 상세히 안내하고 있다. 이 과정에서 AI에 지나치게 의존하지 않고, 스스로의 경험을 데이터화하여 강력한 필살기로 만들 수 있는 방법을 명확히 제시하고자 노력했다.

이 책을 활용하는 가장 효과적인 방법은 다음과 같다.

Step 1. 현실을 직시하라. 이 책에서 제공하는 데이터 분석과 필살기 사례를 통해 자신이 처한 현실을 객관적으로 파악할 수 있다.

Step 2. 경험을 구조화하라. 책에서 제시하는 취업 포트폴리오, 경험리스트업, 3C4P 프레임을 따라 내 경험을 구조화하고 AI를 활용해 데이터를 덧붙이자.

Step 3. 전략적으로 활용하라. AI 매뉴얼을 활용해 내 필살기와 지원 동기를 완벽하게 데이터화하여 경쟁력을 강화하는데 도전해 보자.

Step 4. 작게 도전하라. 완벽을 기다리지 말고 작은 성공을 만들어 지속적인 도전과 지원을 통해 성장의 선순환을 만들어 나가는 것, 그 자체가 성공이다.

『자소서 바이블 3.0』은 단지 잘 쓴 자소서를 위한 책이 아니다. 이 책은 어렵고 치열해진 취업 시장에서도 당신이 진짜 원하는 기회와 직장을 얻기 위한 전략서이자 도전서이다. 이 책을 통해 여러분은 자신이 가진 강점과 가치를 더욱 뚜렷이 인식하게 될 것이며, 무엇보다 AI 시대에 가장 필요한 취업 역량과 경쟁력을 얻게 될 것이다.

다시 강조하지만, 여전히 취업은 가능하다. 어려운 취업 환경은 맞지만, 여러분이 이 책과 함께라면 반드시 길은 열린다. 실패했더라도 다시 일어나면 된다. 좌절하지 말고, 이 책의 방법론과 함께 한 걸음씩 앞으로 나아가라. 혼자서 힘들다면 커뮤니티와 함께하라. 유튜브 스트리밍부터 오카방, 체인지업 커뮤니티를 적극적으로 참여하고, NLT AI 자소서 메이트 시스템을 이용해 보길 권한다.

" 우리는 여전히, 그리고 끝까지 당신의 편이다.
당신은 반드시 할 수 있다.
새 마음, 새 생각, 새 전략으로 다시 힘차게 돌파하자! "

 유튜브
면접왕 이형

 체인지업
커뮤니티 알아보기

 NLT 자소서
메이트 알아보기

https://CS46f4.short.gy/ClYml1   https://cs46f4.short.gy/sNO94m   https://m.site.naver.com/1Ng3N

구성

개념과 예시
합격하는 자소서에 필요한 개념들과 이를 적용해 볼 수 있는 예시들을 누구나 해볼 수 있는 경험들로 수록

케이스 뱅크
앞서 배운 개념들을 직무 계열별로 준비된 풍성한 케이스 뱅크로 이해력 높이기!
누구나 이해할 수 있도록 구성된 포인트별 가이드와 함께 직접 면접관의 관점에서 이해해보기

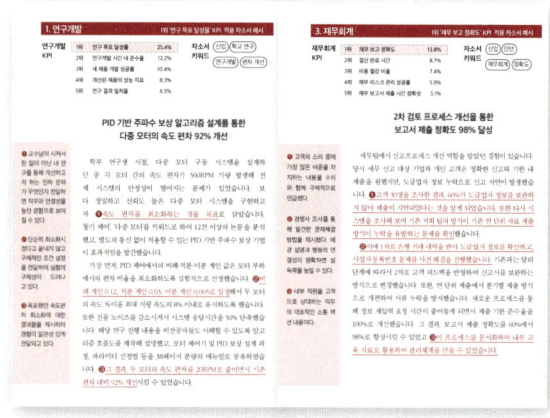

프롬프트 활용법

경험분해나 경험을 찾을 때 막히는 부분이 있다면 AI를 통해 해결할 수 있는 프롬프트 제공!
자소서 자동 완성까지 AI와 함께 어려움을 해결하기

Company

Company 항목에는 당시 나의 상황 또는 조직의 상황이 어땠는지 적어보자. 혹은 경험의 배경을 작성하는 것이기 때문에, 핵심적으로 포함되어야 할 요소들이 간단하게 명시되어야 한다. 이 부분은 자소서뿐만 아니라 면접에서도 당시 상황을 설명하기 위해 필요한 부분이고, 나의 액션과 결과물을 논리적으로 설명해 주는 힘이 됩니다.

대부분 경험한 당시 상황을 적는 것이라 어렵지 않겠지만, 문제/원인/기회 상황을 적는 부분에서는 생각해야 할 포인트가 있다. 다음 내용을 참고하여 경험할 당시를 조금 더 입체적으로 분석해 보도록 하자.

❶ 명확한 목표 달성을 어렵게 만드는 외부적 요인
- 경쟁 업체 등장, 시장 조건 변화로 인한 성과 부진 등 목표 달성을 어렵게 만드는 외부적 요인이 존재
- 예시: 주력 판매중 경쟁 증가로 인한 매출 부진, 물가 상승 등 외부 환경 변화로 인한 예산 초과 위험

❷ 업무 프로세스 비효율 및 운영 문제로 인한 내부적 요인
- 내부 프로세스나 업무 운영 방식에 문제가 있어 성과가 저하되거나 업무 효율성 저하가 발생
- 예시: 재고 관리 프로세스 부재로 인한 비용 증가, 특정 제품 불량률 증가로 인한 생산 지연 및 손실 증가

❸ 고객이나 참여자의 불만 및 불만족 이슈
- 고객 또는 프로그램 참여자의 불만족으로 인한 참여율 저하, 고객 이탈 등 문제 상황 발생
- 예시: 프로그램 참여자의 장거리 이동으로 인한 참여 저조, 이용자의 높은 불만족으로 인한 참여율 감소

중요한 포인트는 상황 사체가 아닌, 주어진 도전 과제에 어떤 문제를 해결했는지에 집중하여 기술해보는 것이다. 여기에는 조직이 큰 그림과 최종 목표가 포함되어야 한다. 즉, 내가 조직의 목표에 기여하고 공헌한 것은 무엇인가를 적을 수 있다.

> **🔶 AI 프롬프트 가이드라인 : 내 경험의 지사 요소 찾기**
>
> 나는 학교에서 행정실에서 교내프로젝트를 했던 경험이 있는데 사무 행정 직무 관점에서 직무 KPI를 달성하기 위한 목표에서 마주하는 문제, 원인을 활용할 수 있는 기타 상황에 대해 추천해 줘
>
> 이래 기재한 문제 해결이나 KPI 달성에 도움이 될 수 있는 외부 환경별 가능성들 문제

---

1. 직무 일관성

> **🔶 AI 프롬프트 가이드라인 : 직무 일관성으로 성장과정 완성하기**
>
> **직무일관성 관련 내용**
> - 직무: 품질관리
> - 관심을 가지게 된 계기 : 대학교에서 진로 탐색으로 울산으로 공장 견학을 가게 되면서 품질관리에 대한 관심을 가지게 됨
> - 관련 경험 소재: 전공 실험학부에 매뉴얼 기반으로 품질 동향물을 낮췄던 경험, 품질관리 관련 고대 교육 프로그램을 무순히 이수해 왔음
> - 최종 결과물 : ○○회사 계약직 근무에서 불량률을 1%대로 낮출 수 있었음
>
> **작성 조건:**
> 1. 글의 초점이 직무에 관심을 가지게 된 계기, 계기로 만들어진 경험 소개, 그 경험으로 최종적으로 만들어진 경험으로 만들어져
> 2. 소재부를 만들어주는데 글 전체를 글을 읽는 요약하는 형태로 만들어져, 단순 명사가 아니라 문장형 또는 키워드 조합으로 구성해. 단, 문단명은 소재부를 넣지 말고 1번만 소재부를 넣어줘.

Tip 직무에 대한 관심을 가지게 된 계기에 대해 너무 어렵게 생각하지 말고 나의 이야기를 진솔하게 작성해 보는 것이 좋다. 잘라지지지 않아도 좋으니 먼저 작성해보고 AI에게 직무에 대한 관심을 가지게 된 계기에 대해 도움을 받고 싶은데 ○○직무에 대해 예시 5개를 추천해줘라고 전달해 보자

---

2. 특이한 인생경로

> **🔶 AI 프롬프트 가이드라인 : 특이한 인생경로로 성장과정 완성하기**
>
> 아래 데이터를 참고해서 내 가치관이 형성된 배경의 성장 과정 자소서를 만들어줘
>
> **가치관 형성 관련 내용**
> - 나만의 인생경로: 어린 시절부터 유학을 하나서 지내면서 학업 시절의 적응에 연속이었음, 다른에서 오는 차별과 두려움으로 친구들과 잘 어울리지 못했음.
> - 변화 포인트 : 클럽활동을 참여하게 되면서 흔지서 활동하는 나에게 한 친구가 다가와서 조금씩 단어를 알아가면서 같이 활동을 함, 이 친구를 통해서 다른 친구들을 계속 만나면서 문화가 다른 친구들과 어울리는 것이 즐거웠다는 느낌. 친구들이 나를 다국적으로 무사히할 것이 아니라 이끌게 되었음
> - 최종 결과물 : 문화와 다양성을 경험하면서 각 문화로의 특징이나 배경을 파악할 수 있게 되었음. 이 때 경험하게 된 다양성으로 무드 바스킷빛에서 우리 부서가 가장 높은 성공률을 기록하는 결과를 가지게 됨
>
> **작성 조건:**
> 1. 글의 초점이 직무에 관심을 가지게 된 계기, 계기로 만들어진 경험 소개, 그 경험으로 최종적으로 만들어진 경험으로 만들어져
> 2. 소재부를 만들어주는 글 전체를 글을 읽는 요약하는 형태로 만들어져, 단순 명사가 아니라 문장형 또는 키워드 조합으로 구성해. 단, 문단명은 소재부를 넣지 말고 1번만 소재부를 넣어줘.

Tip AI는 내가 준 정보 기반으로 유추하서 글을 생성한다. 나의 특별한 인생경로 이야기를 주실주실 적어도 편값이나, 관련 내용을 전달해 보자

CHAPTER 1

서류 광탈하는
지원자의 특징

Chapter 1
서류 광탈하는 지원자의 특징

자기소개서를 작성하기에 앞서서 항상 서류에 떨어지는 지원자들을 먼저 분석해 보자. 실수만 줄여도 많은 것들이 해결된다. 앞서 걸어갔던 사람들이 어떤 실수를 했는지 점검해 보면 생각보다 빨리 갈 수 있다. 우리는 '체인지업'이라는 취업 준비 커뮤니티를 통해 정말 많은 지원자를 만난다. 함께 자기소개서를 작성하고 취업 준비의 일상을 보내면서 많은 성공과 실패의 케이스를 분석할 수 있었다. 가장 먼저, 서류 합격률 자체가 낮고 취업 자체에서 굉장한 어려움을 겪는 패턴을 살펴보자.

1. 스펙만 쌓다가는 취업이 아닌 취준 고수가 된다

가장 흔히 하는 실수는 경험이나 역량이 아닌 스펙에 집중하는 것이다. 스펙 없이 자소서 자체가 붙지 않는데 무슨 소리냐고 생각할지 모르겠다. 서류 합격은 최종 목표가 아니다. 결국 면접에서 통하지 않으면 무의미하다. 서류에 붙어 봐야 결국 면접에서 불합격한다. 취업을 준비하는 입장에서는 서류부터 붙어야 그 뒤가 있다고 생각할 수 있지만, 사실 그 생각이 우리의 취업을 어렵게 한다고 말하고 싶다. 핵심은 스펙이 최종 합격에 실질적으로 얼마나 영향을 미치는지 판단하는 것이다. 많은 취업 준비생들이 불필요한 스펙 준비로 3~6개월의 시간과 돈을 낭비하고, '열심히 했다'고 스스로 합리화한다. 우리는 그렇게 시간을 흘러보내지 말자.

합격자 vs 취준생 직무관련 자격증 보유율에 따른 합격률(%)

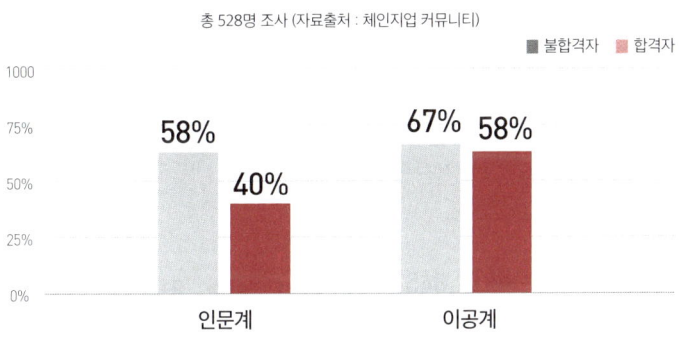

- 분석기간: 2024년 7월 ~25년 7월 빅데이터 기반
- 직무 무관하게 누구나 취득할 수 있는 자격증
(예: 컴퓨터활용능력, 한국사능력검정시험, 토익 토익스피킹, 한국어능력시험 등)은 집계 제외

직무 관련 자격증이 일관성은 보여줄 수 있지만, 실제 업무 능력과 연결되지는 않는다. 경력자는 충분히 공감하겠지만, 자격증이 있는 사람이 일을 더 잘 하는게 아니다. 기업은 그 일을 잘 할 사람을 찾는 것이지, 자격증을 갖춘 사람을 뽑는 것이 아니다.

하지만 인문계, 이공계 상관 없이 일관된 양상은, 불합격자들이 자격증을 더 많이 보유하고 있다는 것이다. 정말 놀랍지 않은가? 자격증은 다다익선일 거 같은데, 합격자들이 집중하는 것은 자격증이 아니라는 점이다. 자격증은 많을수록 좋은 것이 아니라, 기업이 요구하는 필수 자격증만 준비하면 충분하다. 우대 자격증은 서류에서 가점이 될지 몰라도 면접에서 실질적인 가점을 주지는 않는다. 수많은 면접을 진행했고, 지금도 면접관들을 가르치고 있는 내 관점에서는 면접에서 큰 영향을 줄 수 없다고 확신 있게 말할 수 있다. 그럼 다음으로 많이 시간을 사용하는 영어점수에 대해 알아보자.

많은 취업 준비생들이 어학점수는 고고익선이라고 이야기한다.

합격자 vs 취준생 전공별 토익점수(점)

총 2,246명 조사 (자료출처 : 체인지업 커뮤니티)

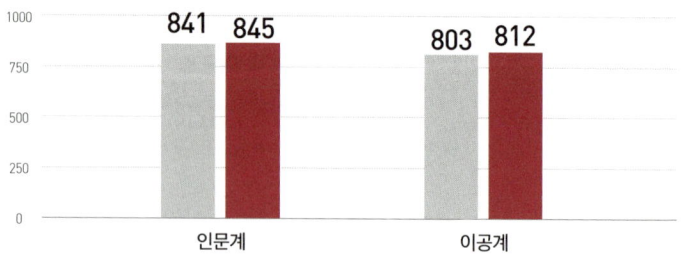

분석기간: 2024년 7월 ~2025년 7월 빅데이터 기반

하지만, 실상은 큰 차이가 없다. 인문계, 이공계 모두 합격자가 더 높은 경향을 보였지만, 그것이 엄청난 차이를 나타내는 요소라고 보기는 어려울 미미한 수준(인문계 4점 차, 이공계 9점 차)이다. 나는 2008년도부터 구조화된 채용시스템을 개발하면서, 이미 어학점수가 실무와 아무런 관련이 없다는 것을 통계로 확인했고, 그때부터 언어 점수에 매달리지 말라고 대학교를 다니며 강의를 했다. 당시에만 해도 영어점수를 필수나 우대로 놓는 기업 자체가 별로 없었기 때문에 당시에는 많은 지원자들이 무슨 소리 인지도 잘 이해하지 못했던 기억이 난다. 왜 영어점수가 실무랑 연결이 안 될까? 너무도 당연하게, 언어 구사가 직무의 핵심 역량이 아니기 때문이다. 해외 바이어와 협상하거나 계약 혹은 행정사항을 관리해야 하는 사람이 아닌 이상 외국어 능력이 필요할 리가 없다. 대부분 상사와의 소통, 동료나 고객과의 소통 같은 한국말이 어려운 것 아닌가? 회사 생활을 해 본 사람이라면 모두가 공감할 것이다. 외국어보다 한국말이 더 어렵다.

기존의 스펙은 이제 정말 유통기한을 다 했다. 스펙의 개념은 이미 경험으로 바뀌었다. 스펙을 만드는 것으로 인해서 무언가를 열심히 하고 있고, 자격을 갖춰간다고 생각할 수는 있으나 관심사를 하나 추가하는 정도라고 설명하고 싶다.

취준생들의 통념 : 스펙이 합격을 좌우한다

생각의 재구성 : 스펙은 합격의 기본 조건일 뿐 결정적 요인이 아니다. 필수 스펙만 넘고, 실무 역량과 연결된 경험 정리에 집중하라.

2. 지원은 안하고 공고 쇼핑만 해서는 합격을 못한다.

취업 준비생들에게 가장 어려운 점이 무엇인가? 물어보면 자소서를 작성하는 것 자체가 어렵다고 한다. 그렇다 보니, 이 과정을 최대한 피하기 위해 하는 것이 '공고 쇼핑'이다. 취업 포털 사이트에 들어가서 기업들의 구인 정보를 검색하고, 마음에 드는 기업이 있으면 기업 리뷰와 후기를 찾아보고 지원을 안 하는 것이다. 애초에 좋은 기업을 잘 지원해야지 괜히 이상한 회사 들어가서 인생 꼬인다고 합리화를 하는 것이다. 그 기업은 당신을 뽑아줄 생각도 없는데 말이다!

합격할지조차 모르는 상황에서 미리 걱정하는 게 얼마나 비효율적인가? 『면접 바이블』에서 수차례 강조한 바 있지만, 일단 지원을 많이 해야 한다. 많이 지원해야 내 경험이 실제로 통하는 직무와 산업을 발견할 수 있다. 지원 경험 자체가 곧 전략이다. 면접 역시 실제 입사하기 위함이 아니라, 면접 연습을 위해서 실전에 나를 밀어 넣는 과정이라고 강조한 바 있다.

체인지업 커뮤니티에서 최종 합격한 사람들의 지원 숫자는 계속 취업 준비만 하고 있는 그들과는 엄청난 차이를 보인다. 일반적으로 지원 숫자가 많아지면 떨어지는 곳도 많아지기 마련이다. 결국 합격률이 낮을 것 같지만, 실제로는 정반대의 숫자를 볼 수 있다.

합격자 vs 불합격자 월평균 지원 갯수 및 서류 합격률(%)

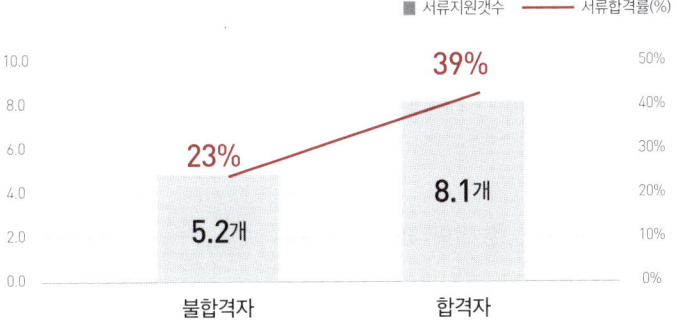

분석기간 : 24년 7월 ~ 25년 7월 빅데이터 기반

    최종 합격자는 한 달 평균 8.1개의 지원서를 제출하며 합격률 39%를 보였다. 반면 불합격자는 한 달에 겨우 5개를 제출하고 합격률은 20%에 그쳤다. 다시 한번 말하지만, 입사지원이 늘어날수록 합격률은 높아진다. 다른 스펙을 더 쌓는 것이 아니라, 더 많은 지원을 할 수 있는 기초 준비를 하는 것이 바람직하다.

    그런데 이 당연한 것을 왜 안 할까? 앞서 이야기 한 것처럼 스펙 준비하느라, 공고 쇼핑하느라, 안 좋은 기업 찾아내느라 바쁘기 때문이다. 망설이는 대신 우선 지원부터 하자. 그 회사에 입사할지 말지는 최종 합격하고 나서 고민하자. 마치 백만 유튜버 돼서 유명해지면 피곤해질까 봐 유튜브 못하고, 셀럽 될까 봐 인스타 못하고, 돈을 너무 많이 벌까 봐 창업하지 않는 사람과 같은 논리다.

> **취준생들의 통념** : 좋은 기업을 잘 골라서, 최고의 자소서를 작성하자.
>
> **생각의 재구성** : 완벽함 대신 속도다. 1일 1지원을 목표로 하자. 합격의 핵심은 잘 쓰는 자소서가 아니라, 자주 쓰고 빨리 지원하는 자소서다. 이를 위해서는 나의 경험 정리와 직무 초점이 반드시 필요하다.

3. 취업은 시험공부가 아니라 실전이다.

취업은 시험공부처럼 단계별로 준비한다고 성공할 수 있는 게 아니다. 많은 지원자들이 입시 준비처럼 스펙에 6개월, 서류에 6개월, 면접 준비에 6개월이 걸릴 거라 잘못 생각한다. 그렇게 계산하니 평균 1년 어간이 취준 기간이라고 착각하는 것이다. 하지만 실제로는 스펙도, 영어 점수도 없는 지원자가 기업에 바로 채용되는 사례도 많다. 체인지업 커뮤니티에서 제시하는 프로세스대로 실행한 사람들의 놀라운 스토리가 지금도 엄청 많다. 취업은 시험공부가 아니라 실전이다. 중요한 건 단계가 아니라 최종적인 준비 상태다.

면접 준비를 먼저 시작하라. 면접에서 통할 경험을 먼저 만들고, 그 경험을 자소서에 바로 적용하는 것이 가장 효율적이다. 물론, '면접에서 먹힐만한 경험이 무엇인가?' 생각하겠지만, 이 주제는 챕터 3에서 자세히 다루도록 하겠다. 아래 취준생의 취업 준비 기간에 대한 비교 자료를 보자.

합격자 VS 취준생 평균 취업 준비 기간(개월)

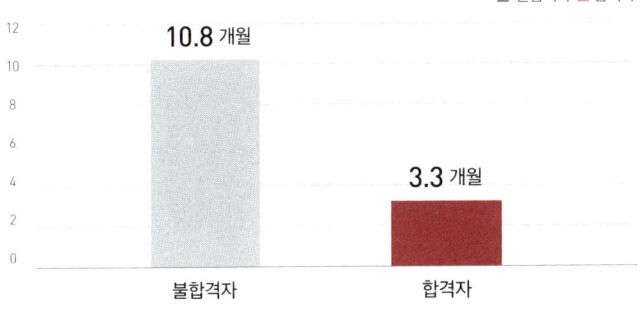

분석기간: 2024년 7월 ~2025년 7월 빅데이터 기반

취준 기간이 1년 이상이라는 것은 처음부터 방법이 틀렸기 때문이다. 올바른 방법이라면 평균 3개월이면 최종 합격할 수 있다. 물론, 원하는 기업의 채용 주기가 있는 경우라면, 더 길어질 수도 있다. 공채의 기간이 정해져 있다면 어쩔 수 없지만, 이미 많은 기업이 수시채용으로 전환되었다. 즉, 취업 준비 기간을 우리가 스스로 결정할 수 있다는 뜻이다. 준비된 사람은 즉시 채용이 된다. 준비가 안되었다면 1년을 준비한다고 되는 것이 아니다.

취준생들의 통념 : 취업 준비는 입시처럼 단계별로 오랜 시간이 필요하다.

생각의 재구성 : 취업은 시험 준비가 아니다. 면접을 중심으로 역기획하라. 올바른 준비 방법이라면 3개월이면 충분하다. 자소서는 면접의 요약이다. 필살기로 자소서와 면접을 동시에 준비하라.

CHAPTER 1 | 서류 광탈하는 지원자의 특징

4. AI로 무작정 생성한 자소서를 그대로 제출한다

최근 몇 년간 ChatGPT를 비롯한 AI 기술이 급속도로 발전하면서, 취업 준비 방식에도 획기적인 변화가 나타났다. 특히 자기소개서와 같은 문서 작성에서 AI는 이제 필수적인 도구로 자리 잡았다. 취업 과정뿐만 아니라, 실제 기업에서도 AI는 업무의 핵심 도구로 쓰이며, 프롬프트 엔지니어링이나 데이터를 활용한 AI 사용법을 제대로 이해하고 있는 것이 시대적 역량으로 평가받고 있다.

하지만 이렇게 중요한 도구임에도, 많은 지원자들이 특별한 기준 없이 AI가 생성한 자소서를 그대로 제출하고 있다. 단순히 기본적인 정보를 입력한 뒤 나온 자소서를 그대로 복사하여 제출하는 것이다. 경험과 성과를 정리하지 않고, 'AI가 알아서 잘 써주겠지'라는 막연한 기대에 의존해 자소서를 완성하는 경우가 점점 늘어나고 있다.

이런 방식의 접근은 매우 위험하다. 기업에서 자기소개서를 평가할 때 대단한 카피킬러나 복잡한 프로그램을 사용하지 않아도, 이렇게 무작정 생성된 AI 자소서를 쉽게 파악할 수 있기 때문이다. 실제로 최근 인사담당자들은 AI 자소서를 한눈에 알아볼 수 있게 되었고, 자소서 평가 단계에서부터 신뢰와 진정성 측면에서 큰 부정적 평가를 내리게 된다.

구체적으로 AI 자소서를 잘못 사용하는 경우의 대표적인 특징은 다음과 같다.

❶ 단지 직무명과 기업명, 간단한 이력 사항만 넣고 AI에게 자소서를 통째로 맡기는 경우
❷ AI가 작성한 문장을 그대로 복사해 제출하여, 지원자의 실제 경험과는 무관한 거짓 내용이 자소서에 들어가는 경우
❸ AI가 작성한 문장을 확인하거나 수정하지 않고, 형식적인 미사여구와 추상적인 표현만으로 자소서를 채우는 경우

이러한 사례들을 기업에서 마주하면 평가자는 해당 지원자가 얼마나 성의 없이 준비했는지 즉시 알아채게 된다. AI가 생성한 내용에는 구체적인 경험이나 맥락이 부족하고, 지나치게 추상적이고 일반적인 문장으로만 구성되어 있기 때문이다. 결과적으로 지원자의 실제 역량이나 경험과 무관한 글이 만들어지며, 평가자에게 매우 부정적인 인상을 주게 된다.

실제 기업의 입장에서 볼 때, 자소서의 본질은 지원자가 가진 역량과 경험, 가치관을 평가하기 위한 것이다. 그러나 AI의 특성상 단순히 키워드나 개괄적인 정보만으로 내용을 생성할 경우, 실제로는 존재하지 않은 경험이나 지나치게 추상적인 문장이 만들어지기 쉽다. 결국 기업은 '진정성 없는 지원자', '성의 없이 준비한 지원자'로 판단하고, 바로 서류 탈락 처리하는 경우가 늘어나고 있다.

이제는 AI를 제대로 활용하는 것이 중요하다. AI는 정확한 프롬프트(명령어)를 기반으로 작동하고, 지원자의 실제 경험과 KPI(성과 지

표)를 명확히 입력하여 생성했을 때 그 진정한 힘을 발휘한다. 그러나 AI 활용법에 대한 충분한 이해나 준비 없이 자소서를 작성하면, 오히려 취업 성공을 방해하는 요소로 작용하게 될 것이다.

지금 시대에 AI 자소서를 무작정 생성하고 제출하는 방식은 더 이상 통하지 않는다. 더불어, 입사 이후 기업에서 활용할 실제 업무 역량으로도 인정받기 어렵다. 이 책의 본론에서는 AI 프롬프트를 정확히 사용하는 방법과 데이터 기반으로 효과적으로 AI를 활용해 자소서를 쓰는 구체적인 방법을 제공할 것이다. 따라 해 볼 뿐만 아니라, 나만의 프롬프트와 생성 방식을 직접 개발하여 좋은 결과를 작성해 보기 바란다.

취준생들의 통념 : 나보다 AI가 글을 더 잘 쓰니, 대충 생성해서 내자.

생각의 재구성 : 글을 잘 쓰는 것이 중요한게 아니라, 나를 가장 잘 표현할 수 있는 내용과 관점을 담아내는 것이 중요하다. AI는 이를 돕는 도구일 뿐이지 만능 해결책이 아니다. 잘 알고 활용해야 한다.

CHAPTER 2

자소서 문항 분석

Chapter 2
자소서 문항의 변화

최근 3년, 자기소개서 문항은 어떻게 바뀌었는가?

취업 포털의 취준생 선호도 상위 기업, 매출 상위 기업을 기준으로, 최근 3년간 자기소개서 문항이 어떻게 달라졌는지 분석했다. 지난 『자소서 바이블』(2019년)과 『자소서 바이블 2.0』(2022년)에서 분석한 내용과 비교하며, 자소서 문항의 큰 흐름과 변화된 트렌드를 파악하여 여러분이 준비할 때 어떤 점에 우선순위를 둬야 하는지 정리하고자 한다.

특히 이번 분석에는 스타트업과 공기업을 포함하였다. 2019년도 자소서바이블의 1판의 문석 당시엔 대기업 중심의 공채 방식이 대부분이었다. 하지만 코로나 팬데믹 이후 기업 채용은 수시채용과 직무 중심 채용으로 빠르게 전환되었다. 이번 분석을 통해 기업들이 채용 문항에서 어떤 내용을 중요하게 생각하고 있으며, 최근 문항의 트렌드는 어떻게 달라졌는지 명확하게 확인할 수 있었다.

이번 분석에서는 매출 기준 100대 기업의 자소서 내용을 분석하였다. 분석한 전체 문항 수는 376개로, 여러분이 자소서를 작성하면서 실제로 마주하게 될 대표 문항을 뽑아 소개하였다. 전체적인 흐름을 파악하면서, 앞으로 어떤 전략으로 준비하면 좋을지 구체적으로 고민해야 할 인사이트를 도출할 수 있었다.

1. 가장 중요하고, 많이 묻는 문항은 무엇인가?

최근 3년간 자소서 문항의 가장 뚜렷한 변화는 크게 세 가지로 요약할 수 있다. 첫째, 지원자의 직무 관련 경험, 즉 **필살기 문항**이 여전히 가장 중심적인 역할을 하고 있지만, 동시에 **지원 동기 및 인성 관련 질문**이 빠르게 늘어나고 있다는 점이다. 반면에 과거 지원자들에게 부담을 주었던 **최근 이슈 관련 문항은 크게 감소**하였다.

먼저, 필살기 관련 문항은 2022년 전체 자소서 문항 중 61%에서 2025년 45%로 다소 감소하였으나, 여전히 자소서 평가에서 가장 중요한 역할을 하고 있다. 필살기 문항의 내용 또한 단순히 성공 경험을 묻는 수준을 넘어, 지원자의 직무 관련 역량과 실질적 수행 경험을 더욱 구체적으로 평가하는 방향으로 변화하였다. 최근 기업의 문항은 "지원 직무와 관련하여 구체적인 성취를 서술하라"는 형태로 변모하고 있다.

아래에 제시한 대표적인 기업들의 자소서 문항에서도 이러한 경향이 명확히 드러난다.

❶ **삼성전자 DX부분**: "지원 직무 관련 본인의 전문지식과 경험을 작성하고, 본인이 지원 직무에 적합한 사유를 삼성전자 제품과 서비스 사용 경험을 기반으로 기술하시기 바랍니다."
❷ **현대자동차**: "스스로 목표를 설정해서 달성해 나가는 과정에서 겪은 어려움과 극복해낸 방법을 말씀해 주십시오."
❸ **네이버**: "스스로의 의지로 새로운 도전이나 변화를 시도했던 경험을 작성해 주세요."

한편, 눈여겨볼 또 하나의 큰 변화는 지원 동기와 관련 문항의 비중이 2022년 12%에서 2025년 25%로 두 배 이상 크게 늘어난 점이다. 기업들은 조기퇴사자가 증가함에 따라, 지원 동기 검증에 더욱 에너지를 쓰고 있는 모습을 볼 수 있다. 또한 이런 변화는 지원 동기 검증에 그치지 않고 기업의 문화와 적합성을 평가하는 컬처핏 검증으로 이어지고 있다. 인성 관련 질문 역시 지원 동기와 함께 4%에서 15%로 대폭 증가하는 추세임을 볼 수 있다.

또 하나 주목할 점은, 코로나 시즌 취준생을 가장 힘들게 했던, 최근 이슈와 시사 문제 관련 질문의 비중이 급격히 줄었다는 것이다. 나는 당시에도 이 문항이 곧 탈락할 것이라는 예측을 한 바 있는데, 이유는 직무 관련 역량 검증에 아무런 도움이 되지 못하기 때문이었다. 이를 잘 반영하듯 2022년에는 전체 문항의 22%를 차지하던 최근 이슈 문항이 2025년에는 거의 사라져 2% 수준으로 감소했다. 이는 기업들이 시사적인 정보보다는 지원자의 개인적인 역량과 실제 경험, 조직에 대한 적합성 평가에 무게중심을 두고 있다는 의미로 볼 수 있다.

2022 vs 2025 자소서 문항 유형별 비율 변화(%)

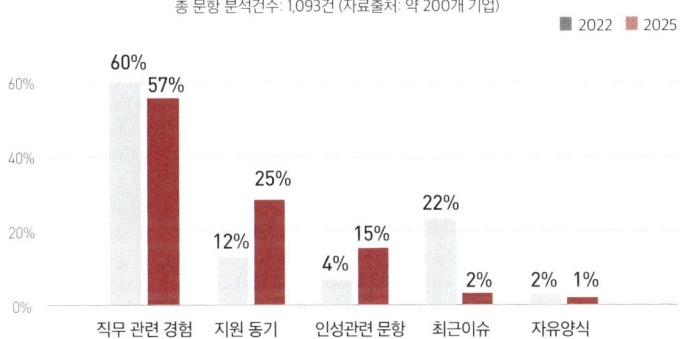

앞으로는 직무관련 경험이 최고의 스펙이다. 중고 신입이 하나의 트렌드가 될 수밖에 없는 이유는, 기업이 당면한 상황이 변했기 때문이다. 대기업으로 바로 진입하기 보다, 직무관련 경험을 쌓을 수 있는 곳에서 경험 혹은 경력을 만들어, 상향 이직을 준비하는 것이 가장 현실적인 취업 준비 방식이라는 점은 이제 부인할 수 없는 사실이다.

2. 대기업·공기업과 중소기업의 자소서 문항, 무엇이 다를까?

최근 자소서 문항의 변화에서 눈에 띄는 특징은 기업의 규모와 성격에 따라 강조하는 부분이 확연히 다르다는 점이다. 특히 대기업 및 공기업과 중소기업 및 스타트업의 문항에서 뚜렷한 차이를 발견할 수 있었다.

먼저, 대기업과 공기업의 경우 여전히 '필살기(성공 경험 및 직무 관련 경험)' 관련 문항의 비중이 압도적으로 높다. 특히 2022년부터 2025년 사이 대기업과 공기업은 직무 관련 경험과 실제 성과 중심의 질문을 더욱 강조하고 있다. 이는 지원자의 직무 역량을 객관적으로 검증하고자 하는 목적이 뚜렷한 것으로 보인다.

반면, 중소기업과 스타트업은 최근 자소서에서 지원자의 가치관, 기업 문화와의 적합성, 그리고 최신 이슈에 대한 의견을 묻는 질문을 더 늘리는 추세다. 이는 단순한 역량뿐 아니라 지원자의 개성과 기업에 대한 이해, 조직 문화와의 적합성을 더욱 중요하게 여기기 때문으로 보인다. 특히 스타트업은 명확한 문항 없이 자유 서술형 자소서를 요구하는 사례가 많아졌다.

다음의 그래프를 보면, 이러한 흐름이 더욱 명확하게 나타난다.

2025 기업 규모별 자소서 문항 유형 비교(%)

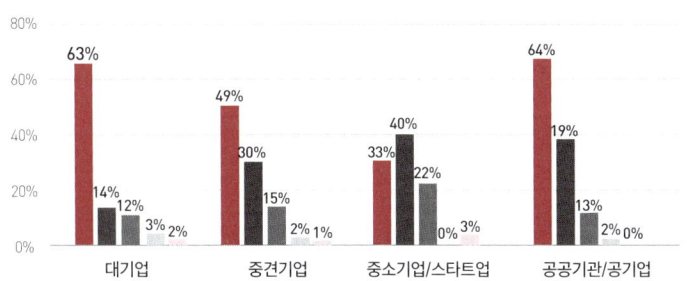

총 분석 모수 : 100개
자료 출처 : 2025년 기준 매출 상위 100위 기업

대기업은 직무 역량 검증이 더욱 강화 되고 있고, HR 시스템이 상대적으로 덜 구축된 중견/중소기업의 경우 이전의 평가 방식을 답습하고 있다고 볼 수 있다. 공기업은 NCS가 이미 직무 역량 중심으로 구성되어 있기 때문에, 자소서 문항 자체는 직무 중심으로 구성되어 있음을 볼 수 있다. 실제 직무 중심으로 업무를 하는가와는 별개로 구조자체는 대기업의 형태와 유사하다.

3. 컬처핏 검증이 더욱 강화되고 있다.

지난 3년간의 자소서 문항 유형 변화에서 가장 주목해야 할 점은 **성격·태도 관련 문항**과 **팀워크·협업 문항**의 비중이 눈에 띄게 증가했다는 것이다. 이는 기업들이 지원자의 기술적 역량과 경험뿐만 아니라,

지원자가 가진 성향과 태도, 그리고 조직에서의 협력 능력까지 면밀히 평가하기 시작했음을 명확히 드러낸다.

2022년 자소서 문항 유형과 2025년의 자소서 문항 유형을 비교 분석해 보면, 두드러지는 차이는 다음과 같다.

첫 번째, 지원자의 성격·태도와 관련한 질문 비중이 크게 증가했다는 점이다. 성격 관련 문항은 2022년 전체 자소서 문항 중 4%에서 2025년 9%로 두 배 이상 증가했고, 직업윤리 및 가치관 문항 또한 3%에서 6%로 뚜렷이 증가했다. 기업들이 이렇게 지원자의 내면적 성향과 윤리적 태도에 대해 깊게 묻는 이유는, 단지 개인의 능력만이 아니라 조직 내에서의 장기적인 적응력과 팀 적합성을 철저히 평가하기 위함이다.

❶ **한화**: "본인의 성격상 장단점을 기술하고, 업무 환경 또는 단체 활동에서 어떻게 발현되는지 알려주세요.."
❷ **금호석유화학**: "살아오는 동안 자신에게 생긴 변화 중 인생의 전환점이나, 가치관의 변화가 생긴 경험이 있다면 서술하십시오."

두 번째로는 팀워크·협업 관련 문항의 증가다. 팀워크와 협업 관련 질문은 2022년 9%에서 2025년 11%로 증가했다. 이는 기업들이 개인의 능력만큼이나 조직 내에서 구성원들과 원활히 소통하고 협력할 수 있는 역량을 더욱 강조하고 있음을 의미한다.

❶ **포스코:** "협업 또는 팀 프로젝트 과정에서 의견 충돌이나 역할 갈등을 경험한 사례를 작성해 주세요. 당시 상황과 본인의 역할, 갈등 해소를 위해 한 노력, 그 결과와 느낀 점을 포함해 주세요."

❷ **한국수력원자력:** "타인과의 상호작용을 통해 공동의 목표를 달성한 경험에 대해 기술해 주십시오."

이러한 두 가지 변화는 기업들이 이른바 **'컬처핏(Culture Fit)'**을 평가하는 추세와 연결된다. 컬처핏이란 단순히 업무 능력이나 성과 중심으로 인재를 평가하는 것이 아니라, 기업이 가진 조직 문화와 가치관에 얼마나 잘 부합하고 적응할 수 있는지를 판단하는 기준이다. 최근 많은 기업들이 컬처핏을 중요하게 평가하고 있으며, 실제로 합격 여부를 결정하는 핵심 요소로 자리 잡고 있다.

자소서 문항 세부 유형별 변화 (%)

총 문항 분석건수: 1,093건 (자료출처: 약 200개 기업)

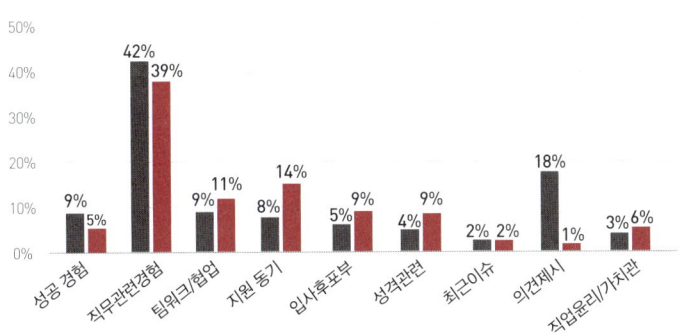

이러한 분석을 통해 얻을 수 있는 중요한 인사이트는 다음과 같다. 앞으로 진정성 없는 자소서나 취업 준비는 점차 더욱 경쟁력을 잃어간다는 것이다. 기업의 평가 시스템은 더욱 정교해지고, 검증의 포인트가 개인의 관점과 가치관으로 향하고 있다. 단순히 돈 벌기 위해서, 취업을 해야 해서 한다기 보다 나의 인생과 방향성을 깊이 생각하며 도전하고자 하는 진정성 있는 도전을 하기 바란다.

Chapter 2
취업 우선순위

취업 우선순위

이 책은 구직자보다 기업과 인사팀의 관점에서 더 많이 설명하고 있음을 미리 밝힌다. 인사팀, 채용팀의 고민과 관점을 전달하고, 불필요한 고민과 에너지를 줄여주는 것이 이 책의 목적이다.

인사책임자로서 내 고민은 명확했다. 회사의 사업 전략에 맞는 조직과 사람을 확보하는 것이었다 사업전략을 수행하기 위한 조직과 사람을 만들어내는 것이었다. 조직과 사람이라고 하지만, 조직은 결국 사람의 집합이다. 한 사람 한 사람의 선발과 배치가 나의 가장 큰 고민이었다. 회사 입장에서 생각해 보자. 요즘같이 어려운 시기에 특별히 하는 일도 없고 역할도 없는 사람에게 그 높은 급여를 주고 싶을까? 모든 구성원이 몰입하고 최선을 다해 일하는 것이 경영진의 당연한 기대다. 그러나 최근 몇 년간의 경제 상황은 이 기대마저 충족되더라도 기업의 성장을 장담할 수 없는 현실을 만들었다. 최근 몇 년 새 고용 유연성이 더욱 엄격해져서, 채용 과정에 더욱 세밀하고 신중한 접근이 필요하게 되었다.

이러한 배경에서 만들어진 채용 방식이 바로 '구조화된 채용 시스템'이다. 채용이라는 과정을 사람의 느낌에 맡기는 것이 아니라, 과학적인 체계에 의해 성공 확률을 계산하고 선발하겠다는 것이다. 이 방식이 비인간적으로 보일 수도 있지만, 우리가 스마트폰 하나를 살 때도 철저히 비교하고 결정하는 것과 마찬가지라고 보면 된다. 최근에는 구조화된 채용에 대해 많은 연구와 적용들이 있으나, 내가 처음 이 연구와 적용을 시작했던 2008년도에는 참고할 만한 자료나 사례가 별로 없었다. 유일하게 사내 직원들의 케이스를 분석하면서 근거가 될 만한 데이터는 어떤 종류가 있으며, 채용 단계에서부터 고려해야 할 데이터는 어떤 형태로 수집해야 할지 방법론을 개발할 수 있었다. 그때부터 시작된 구조화된 채용 시스템은 신입, 경력, 임원, 전 임직원으로 확산되며 평가의 기틀을 잡아주었다.

구조화된 채용의 핵심은 바로 직무적합성이다. 직무(職務)라는 단어를 사전적으로 해석해 보면, '직분 혹은 직책(職 직분 직)을 위해 힘쓰다(務 힘쓸 무)'라는 뜻으로, 조직 내 어떤 역할에 몰입해야 할지를 알려주는 것이다. 대부분의 기업들은 이것을 너무 중요하게 생각한

나머지 직무기술서(Job Description)라는 이름으로 직무를 규정하기도 하고, 이를 잘 하고 있는지 평가하기 위해 KPI(Key Performance Indicator)라는 관리 방법을 채택하기도 한다. 기업의 관리 방식을 살펴보면, 내가 어디에 집중해야 하는지 명확히 알 수 있다.

그래서 나는 직무를 모든 것에서 가장 먼저 결정해야 한다고 이야기한다. 취업 준비에서 고려할 요소가 많지만, 명확한 우선순위는 '직무 → 산업 → 직장'이다. 일단 직무에 에너지의 70%를 쏟아붓고, 그 뒤에 산업과 직장에 에너지를 쓰는 것이 좋다. 이는 실제 기업의 채용 원칙과 정확히 일치하기 때문이다.

기업의 채용 과정에서 직무는 '뽑아야 할 이유'가 되고, 산업과 직장은 '탈락시킬 이유'가 된다. 이것은 매우 큰 차이인데, 직무가 확실하면, 산업과 직장 적합도가 다소 떨어져도 선발할 이유가 있지만, 반대의 경우는 용도 불분명으로 채용하기 어렵다. 이공계의 경우 직무와 산업이 긴밀히 연결되어 있지만, 이 경우에도 직무가 최우선이라는 사실은 분명하다. 직무를 먼저 결정한 후에 다른 것들을 봐야 한다. 직무가 모든 것의 기초이고 출발선이다. 많은 청년들이 우선순위에 집중하지 않고 사실상 별로 중요하지 않은 것들에 집중하는 모습을 볼 수 있다. 직무에 초점을 잡아야 산업과 직장 모두 잡을 수 있다

취준생들의 통념 : 처음부터 대기업(또는 공기업)을 목표로 한다. 실패하면 눈을 낮추자고 생각한다.

생각의 재구성 : 직장(기업)은 맨 마지막이다. 자신의 경험에 맞는 직무부터 우선적으로 고민하자. 다양한 직무를 무작정 지원하는 대신, 가장 경쟁력 있는 직무를 찾고, 그 직무에 유리한 산업을 찾는 데 더 많은 시간을 쓰자. 충분히 생각하고, 조사하고, 묻는 과정에서 나만의 직무와 산업이 보인다.

Chapter 2
취업 포트폴리오(지원 전략)

합격을 위한 취업 포트폴리오 전략

자기소개서를 쓰기 전에 목적과 목표를 다시 점검하자. 우리의 목표는 많은 자소서를 쓰는 것이 아니라 합격이다. 그렇다면 자소서에 합격하는 것이 목표인가, 아니면 최종 합격하는 것이 목표인가? 비슷한 질문 같지만 어떤 대답을 하느냐에 따라 취업 전략은 전혀 달라질 수 있다.

내가 생각하는 자소서 작성의 가장 큰 문제점은 명확한 지원 전략이 없다는 것이다. 앞서 직무/산업/직장이라는 우선순위를 이야기했는데, 많은 지원자들이 개념과 원칙을 잘 알고 있으면서도 실제 채용공고가 뜨면 무작정 자소서를 쓰고 계획 없이 지원한다. 전공이나 우대조건과 맞거나, 단지 시기적으로 맞아 보이면 무작정 지원해 버린다.

이 책에서 강조하는 필살기와 현직자 인터뷰는 무작정 지원하는 방식으로는 제대로 활용할 수 없다. 따라서 나는 필살기에 기반한 지원 전략을 다음과 같이 제시한다. 이 전략에 따라 포트폴리오를 구성하고 지원을 시작하면, 내 경험은 더 정교하게 정리되고 기업 조사도 효과적으로 가능해진다. 결과적으로 자소서를 1개 쓰든 100개 쓰든 에너지는 줄고 완성도는 높아질 것이다.

직무는 1~2개로 압축해서 선택하라 (메인 1개, 서브 1개)

직무 중심 사고가 취업성공의 지름길이다. 나의 강점과 성공 경험을 토대로 타인보다 확실히 경쟁력을 갖는 직무를 선정해야 한다. 이공계의 경우 전공과 연구분야가 될 수도 있다. 여기서 중요한 것은 직무를 메인 1개, 서브 1개 정도로 제한하라는 것이다. '유사 경험 + 성공 경험 + 인사이트'로 구성된 필살기를 만들려면 직무가 여러 가지여서는 집중이 안 된다.

그럼에도 서브 직무를 하나 더 두는 이유는 스스로의 역량을 정확히 파악하지 못했을 가능성이 있기 때문이다. 애초에 직무 선택이 올바르지 못했을 수 있기 때문에 가능성을 열어 두는 것이다.

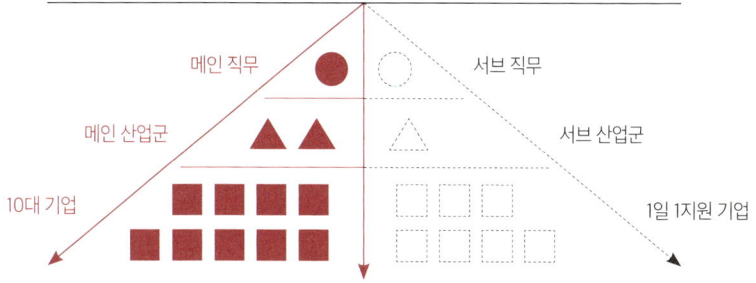

산업군 선택은 최대 3개로 제한하라 (메인 산업군 2개, 서브 산업군 1개)

산업은 직무를 꽃 피게 만들어 주는 필드이다. 직무 선택과 같은 이유로, 너무 많거나 생소한 산업 분야에 지원하면 합격 가능성은 떨어진다. 나의 유사 경험, 성공 경험은 제한적일 수밖에 없다는 점을 명심하자. 집중해야 할 메인 직무를 가장 잘 발휘할 수 있는 산업군을 2개로 선정하자. 그리고 서브 직무로 선정한 직무 역시 1개 정도 산업군을 선정해서 최대 3개 정도의 산업군에 대한 학습과 시장조사를 시작하도록 하자. 누구나 각자의 일로 바쁘다. 하지만 취업/이직 준비는 평소에 어떤 준비를 하는가에서 큰 차이가 난다는 사실을 명심하자.

대기업부터 스타트업까지 기업 규모별로 균형 있게 지원하자

아마 카더라 통신같은 곳에서 100개, 200개를 작성하고 난사 지원해야 한다는 이야기를 들었을 수 있다. 앞서 말한 전략적 우선순위 없이 100군데 쓰는 건 당연히 합격률이 떨어지고, 힘이 들 수밖에 없다.

지원에 초점이 없으면 조사해야 할 범위가 너무 넓고, 구체적인 전략을 적용하기 어렵다.

여기서 정말 중요한 포인트는, 대기업이나 중견기업 같은 한두 영역에만 집중해서는 안 된다는 것이다. 많은 이들이 대기업을 선호하고 원하지만, 모두가 갈 수는 없다. 최종 합격을 위해서도, 나의 가치관에 맞는 기업을 찾기 위해서도 대기업에만 집중하는 전략은 적합하지 않다. 대기업과 중견기업, 중소기업, 스타트업 등 영역별로 타겟 기업을 먼저 선정해라. 스타트업으로 갈수록 기업 규모가 작기 때문에 연봉이나 복지 같은 인사제도보다는 성장 가능성과 이를 만들어 가는 CEO를 보고 지원해라.

코로나 이후 우리나라 대기업들도 점차 공채 제도를 폐지하고 수시 채용하는 방향으로 바뀌었다. 경제적인 흐름도 그렇고, 정책의 변화도 그렇다. 이런 거시적인 변화를 고려했을 때, 앞으로 취업 준비는 완전히 바뀌어야 한다. 상반기와 하반기를 대비하는 취업이 아니라 언제든 준비된 사람이 지원하는 형태로 말이다. 취업 포트폴리오는 그 관점에서 매우 유용하다. 시간이 지날수록, 나의 경험과 성공 경험, 이력으로 제출할 것이 많아진다. 몇 기업에 대한 현직자 인터뷰를 하는 과정에서 자연스럽게 업계 정보와 산업 정보의 깊이가 깊어질 수밖에 없다. 이제 자리를 박차고 일어나자! 할 수 있다!

취준생들의 통념 : 최대한 많이 지원해야 하니까 무조건 닥치는 대로 쓴다!

생각의 재구성 : 직무와 산업을 고정하여 지원할수록 정보가 쌓이고 효율이 높아진다. 무작정 지원하지 말고 대기업, 중견기업, 중소기업, 스타트업(공기업, 외국계 포함) 등 다양한 규모의 기업에 균형 있게 전략적으로 지원하자.

취업 포트폴리오 작성하기

'취업 포트폴리오'를 실제로 관리할 수 있는 툴을 제공하니, 다음 프로세스와 예시를 참고하여 따라 해보자. 이것만으로도 지원기업에 대한 폭넓은 시야가 생기고, 서류 합불에 일희일비하지 않을 수 있게 될 것이다. 양식을 다운로드 받아, 나만의 파일을 만들고 시작하자.

취업포트폴리오 템플릿 다운로드
https://cs46f4.short.gy/Qpaolx

앞의 양식을 다운로드 하면 사본 만들기를 하여 나만의 양식으로 저장하자. 앞서 설명한 취업의 우선순위에 맞게 메인 직무와 서브 직무를 입력하고 산업군을 정리할 수 있도록 했다. 포트폴리오는 처음부터 완성하려고 하기보다 계속해서 업데이트해 나가는 방식으로 작성하는 것이 좋다.

취업 포트폴리오를 잘 작성한 사례를 보면, 직무의 일관성과 기업 규모의 균형이 가장 중요하다. 직무를 정신없이 여러 개 쓰는 경우는 합격률도 그렇지만, 지원할수록 직무 전문성에 대한 검증이 어렵다. 기업을 여러 규모로 사전에 계획하여 지원하는 게 중요하다는 걸 절대 놓치지 말자. 실제 지원한 기업은 반드시 이 표에 기록해서 지원 이력을 추적하는 게 중요하다.

[취업 포트폴리오 잘 작성한 예시]

1. 인문계(직무 : 기획 / 산업 : 교육)

우선순위	지원기업명	기업규모	직무	산업	접수기한
1	매스프레소(콴다)	스타트업	Operations Manager(인턴)	교육	5/30
2	TMD교육그룹	중소기업	교육기획/개발	교육	5/13
3	IGM세계경영연구원	중소기업	기업교육 기획(인턴)	교육	상시채용
4	티씨컴퍼니	중소기업	교육콘텐츠기획	교육	6/24
5	천재교과서	대기업	이러닝콘텐츠기획	교육	6/6
6	인키움	중소기업	교육기획/개발	교육	6/11
7	씨마스	중소기업	교과서기획 및 개발	교육	5/29
8	YBM	중견기업	교과서 편집	교육	5/31
9	동화세상에듀코	중견기업	교육운영	교육	6/13
10	한국경영인증원	중소기업	교육기획/개발	교육	6/6

교육기획 직무를 메인으로 서브 직무인 교육운영을 포함하여 직무 일관성이 느껴지게 지원 기업 리스트업을 잘 작성했다.

2. 이공계(직무 : 제품개발 / 산업 : 배터리(2차전지))

우선순위	지원기업명	기업규모	직무	산업	접수기한
1	미섬시스템	중소기업	장비 개발	배터리	3/8
2	파워로직스	중견기업	부품 품질	배터리부품	3/5
3	윌링스	중소기업	R&D(설계)	에너지 전력변환장치	3/13
4	시그넷이브이(경력)	중소기업	선행개발	전기차 충전기	3/31
5	LG엔솔	대기업	공정기술	배터리	3/20
6	원익피앤이	중견기업	펌웨어개발	배터리 장비	3/21
7	일진머티리얼즈	중견기업	생산(공정기술)	배터리 소재	3/10
8	삼성SDI	대기업	공정기술	배터리	3/21
9	포스코케미칼	대기업	공정기술	배터리	3/28
10	코캄	중소기업	연구개발	배터리	3/28

지원 기업의 규모를 중소, 중견, 대기업을 골고루 포함하여 배터리 관련 산업으로 지원 기업 리스트업을 잘 작성했다.

3. 공기업/공공기관(직무 : 사무행정 / 산업 : 복지)

우선순위	지원기업명	기업규모	직무	산업	접수기한
1	동대문문화재단	공기업	사무행정	문화	7/11
2	한국노인인력개발원	공기업	사무행정	복지	7/18
3	관악문화재단	공기업	사무행정	문화	7/12
4	국립공원공단	공기업	사무행정	정책	7/19
5	중소벤처기업연구원	공기업	사무행정	정책	7/26
6	한국의료분쟁조정중재원	공기업	사무행정(인턴)	의료	7/26
7	한국출판문화산업진흥원	공기업	사무행정	출판	8/3
8	한국기업지배구조원	공기업	사무행정	정책	7/24
9	농업정책보험금융원	공기업	사무행정	정책	7/28
10	국립공원공단	공기업	사무행정	정책	7/19

사무행정 직무 위주로 공고가 뜬 곳을 접수기한이 명확한 곳 위주로 지원 기업을 잘 작성했다.

공기업도 마찬가지로 산업을 고정시키는 것이 중요하지만 사기업만큼 한 산업 내에 지원할 기업이 다양하게 없을 수가 있다. 이런 경우에 직무는 고정시키고 인턴, 계약직, 정규직 등 다양하게 지원을 해보는 것도 방법이다.

공고의 텀이 너무 길다면 작년 혹은 이전 시즌 채용공고가 업로드되는 시점을 미리 계산하여 서류를 준비해보자.

[취업 포트폴리오 자주 하는 실수 몇 가지]

1. 직무 / 산업이 3개이상인 경우

우선순위	지원기업명	기업규모	직무	산업	제출기한
1	클리오	중견기업	상품개발(인턴)	화장품	5/2
2	포스코건설	대기업	구매관리	건설업	5/10
3	에이션패션	중견기업	상품기획(MD)	도매업	5/24
4	에스피 컴퍼니	스타트업	상품기획(MD)	도매업	6/10
5	YBM	중견기업	사업기획	교육업	6/6
6	더메종	중소기업	상품기획(MD)	소셜커머스	6/8
7	토스페이먼츠	중견기업	Client Partner	금융	5/30
8	한국자산신탁	중견기업	기획(인턴)	금융	5/27
9	대동	대기업	경영기획	제조업	6/12
10	와디즈	중소기업	경영지원(총무)	포털	6/5

1. 직무는 많아도 2개를 넘기지 않는 것이 좋다. 불가피하게 넘기게 된다면 인접한 직무로 지원해 보자. (ex. MD/영업, 생산관리/공정관리)
2. 참여자가 경제신문스크랩(산업조사)을 할 때 한 산업 당 하루에 평균 3시간씩 조사를 한다. 산업이 여러 개면 자연스레 조사할 양이 방대해질 수밖에 없고 그만큼 조사의 퀄리티는 떨어질 수밖에 없다. 1~2개 산업에 집중해 보자.

내가 집중해볼 메인 직무와 서브 직무는 각각 무엇인가요?

1. 메인직무 :

2. 서브직무 :

2. 대기업만 준비하는 경우

우선순위	지원기업명	기업규모	직무	산업	제출기한
1	SK하이닉스	대기업	품질보증	반도체	3/10
2	LG전자	대기업	품질관리	제조업	4/5
3	현대자동차	대기업	품질보증	자동차	3/31
4	삼성SDI	대기업	품질보증	제조업	3/15
5	포스코	대기업	품질관리	제강업	4/1

면접왕이형 취업 커뮤니티인 체인지업 참여자 조사 결과, 67%가 대기업만 지원한다. 대기업만 지원할 경우 기업 규모별로 분배하여 지원한 참여자 보다 지원 개수가 저조했다. 그에 따라 서류 합격률도 현저히 낮은 현상을 발견할 수 있었다. 기업 규모의 비중을 정해서 분배 있게 나눠서 지원 해보자.

3. 제출기한이 없는 경우

우선순위	지원기업명	기업규모	직무	산업	제출기한
1	삼아제약	중소기업	연구기획	제약	
2	에이프로젠	중소기업	배양	제약	
3	한미약품	대기업	연구기획	제약	
4	삼성바이오로직스	대기업	연구개발	제약	
5	삼성바이오에피스	대기업	연구개발	제약	
6	GC녹십자	대기업	연구개발	제약	
7	유한양행	중견기업	연구개발	제약	
8	동국제약	중견기업	연구개발	제약	
9	씨젠	중소기업	연구개발	제약	
10	종근당	대기업	연구개발	제약	

원하는 기업을 미리 준비하는 것은 좋다. 그럼에도 불구하고 기약 없이 해당 기업만 기다리기보다 내 경험의 경쟁력을 확인하기 위해서 여러 기업에 지원해 보자. 그러기 위해 지금 당장 지원할 수 있는 기업을 찾아보고 제출기한에 맞춰서 지원하는 연습을 해보자.

Chapter 2

병렬 전략

취업 준비는 한 번에 병렬로 하라

대부분의 취준생들은 '스펙 → 자소서 → 인적성 → 면접' 순으로 준비한다. 이것이 바로 직렬 준비다. 하지만 취업 성공을 위해서는 병렬로 준비해야 한다!

면접관이 합격자를 결정할 때 핵심 고민은 '뽑아야 할 이유가 있는가'다. 뽑아야 할 이유에 대해서는 이후 '필살기' 개념에서 자세히 다룰 예정이다. 핵심 내용 없이 자소서 작성이나 면접 연습만 반복하다가 결국 공백기만 늘어난 사례를 자주 보았다. 이게 직렬 준비의 단점이다.

내용보다 보기 좋은 글쓰기나 말하기 기법에만 매달렸기 때문이다. 인턴, 아르바이트, 대외활동 등 실무 경험을 계속 쌓아가며 자소서의 내용을 업데이트하는 것이 중요하다. 결국 자소서와 면접은 필살기,

즉 유사 경험과 성공 경험 제시 싸움이다.

①자소서와 ②면접 준비를 병행하며 ③부족한 경험까지 채우는 것이 병렬 준비법이다. 지원 직무와 유사한 경험을 쌓아 필살기를 확보해야 한다. 실제 경험이 없다면 그 어떤 포장으로도 가치를 높일 수 없다.

면접을 먼저 준비하자

또 다른 심각한 오류가 있다. 전형의 순서가 자소서 → 면접이다 보니, 대부분 서류 합격 후 면접을 준비하기 시작한다. 하지만 취업의 결정적 순간은 면접이다. 자소서는 시간을 두고 답할 수 있지만, 면접은 즉시 답변해야 한다. 뿐만 아니라 긴장감 속에서 면접관의 꼬리질문이 이어진다. 우리는 최고의 답변을 엄선하는 과정에서 면접관의 질문 흐름과 표정, 다른 지원자 답변을 고려하면서 포인트를 캐치해야 하는 등 훨씬 난이도가 높은 상황에 직면한다.

그래서 나는 면접을 먼저 준비하면서 자기소개서를 작성하는 게 지혜로운 전략이라고 말하고 싶다. 자기소개서를 작성할 때 면접을 염두에 두고 써보라. 면접장에서 훨씬 수월하게 답변할 것이다. 이런 맥락에서 자기소개서에 기입한 지원 동기와 면접에서 말하는 지원 동기가 같아도 되는지 많이 질문한다. 나는 같아도 되는 게 아니라 같아야 한다고 생각한다. 면접은 당신과 면접관을 처음으로 만나게 해주는 자리다. 자기소개서 내용을 다시 한번 브리핑한다는 관점으로 면접을 준비하자. 면접을 먼저 준비하면 자소서는 훨씬 쉽게 작성된다.

중고 신입에게

중고 신입이라면 무작정 퇴사하지 말고, 근무하는 동안 면접 때 자신있게 어필할 수 있는 성공 경험을 만들어보자. 작더라도 괜찮다. 또 가급적이면 연차 내서 면접 보러 가는 걸 추천한다. 요즘처럼 취업이 쉽지 않을 때 괜히 고생하지 말고, 모든 걸 병렬로 준비하는 것이다. 어차피 경험 싸움이기에 이렇게 준비하는 것이 리스크는 줄이고 성공 확률은 높일 수 있다.

핵심은 경험이다

지금 이 시간에도 계속해서 지원서를 넣어보자. 중소기업이든, 스타트업이든 합격해 본 경험이 중요하다. 특히 면접 경험이 중요하다. 경험이 많아야 면접장에서 안정적일 수 있다. 오프시즌이라도 지원해보자. 성공 경험을 맛보면, 실전 경험을 쌓는 것만으로도 굉장한 의미가 있다. 경험을 쌓으면서 지원하는 것, 즉 병렬 준비는 성공 취업의 지름길이다.

> **핵심 Point!**
>
> 일반적인 단계를 따라 준비하지 말자. 성공 경험이라는 목표를 잡고, 거기에 맞게 시간을 역설계하는 게 지혜로운 취업 준비이다.

AI로 자소서 생성하기 주의할 점

왜 AI 프롬프팅이 중요한가?

AI로 자기소개서를 작성하는 시대가 왔다. 이제 AI는 자소서를 단순히 빨리 작성해주는 도구를 넘어, 나의 경험과 역량을 더 효과적으로 표현할 수 있도록 돕는 중요한 조력자가 되었다. 하지만 AI는 만능이 아니다. AI의 결과물을 그대로 사용하는 것이 아니라, AI를 제대로 활용할 줄 알아야만 좋은 결과를 얻을 수 있다. 올바른 AI 활용법의 핵심은 **명확하고 구체적인 프롬프팅**이다. 내가 가진 경험을 정확히 전달하고, AI가 원하는 결과물을 정확히 이해할 수 있도록 돕는 것이다. 이 부록에서는 가장 많이 보여지는 오용사례와 함께 이를 더 실제적으로 잘 사용할 수 있는 구체적인 프롬프팅 매뉴얼을 제공한다. 이를 통해 AI를 더욱 효과적으로 활용하고, 완성도 높은 자소서를 작성해 보자.

일단 많이 실수하는 포인트부터 알아보자. 아래와 같이 AI를 활용하는 것은, 자소서 완성이라는 것 자체에는 의미가 있을지 몰라도, 실제로 합격에는 안 좋은 영향을 미칠 수 있다는 것을 기억해야 한다.

Case 1 : AI가 생성해 주는 결과물을 맹신하여 감수 없이 복사-붙여넣기 하는 경우

GPT와 Claude와 같은 생성형 AI의 하단에 꼭 나오는 말이 있다.

"AI는 실수를 할 수 있습니다."

AI가 우리의 수고를 덜어주고 시간을 줄여주는 것은 맞지만 해당 결과물이 언제나 옳은 결과물을 전달해 주는 것은 아니다. AI가 생성해준 결과물이 그럴싸할지라도 항상 결과물을 꼼꼼히 감수해야 한다. 예를 들어 GPT의 경우 '철저히', '심각한', '혁신적인', '꼼꼼한', '~하다는 것' 과 같은 번역투를 자주 사용하는 경향이 있다. 이러한 전후 사정을 모른채 복사-붙여넣기 할 경우, AI 번역투가 그대로 반영되거나 없는 사실을 꾸며낼 수 있으니 제출 전 반드시 체크하는 것이 필요하다.

AI 활용 기본 규칙

- AI 만으로 자소서를 생성하지 않는다.
- 내 경험을 제시하고, 이를 보완하여 완성도 높이는데 사용한다.
- 내 의도가 명확하게 반영된 프롬프트를 넣어서 뉘앙스를 수정한다.

Case 2 : 처음부터 끝까지 아무 정보 없이 자소서를 생성해달라고 요청하는 경우

아무런 정보 없이 자소서를 요청하면 AI는 나의 경험과는 전혀 상관없는 그럴싸하게 만들어낼 수가 있다. 혹은 나와 전혀 관련이 없는 경험을 넣어서 거짓된 자소서를 만들어 낼 확률이 높아진다. 주어진 정보가 요청사항 외에는 아무것도 없기 때문에 단순 요청만 하는 프롬프트는 지양하는 것이 좋다.

- 잘못된 프롬프트 예시 :
  - 기업의 직무 지원 동기 자소서 문항을 작성해 줘

> **이렇게 프롬프트를 넣어보세요! : 3C4P로 경험 분해한 내용을 전달하기**
>
> - 내가 작성하고자 하는 경험 3C4P 분해한 내용 입력하기 + 해당 내용 기반으로 자기소개서를 만들어줘.
> - *자세한 프롬프트는 Part 3의 p.142를 참고하세요!*

Case 3 : 자소서 작성이나 첨삭을 추상적인 기준으로 요청하는 경우

AI가 생성한 자소서를 보면 한국어 기준으로 어색하게 번역투로 나오는 경우가 많다. 이럴 때 주로 요청하는 방법들이 자연스럽게 해달라, 가독성 있게 전달해달라고 프롬프팅을 전달하는데 해당 표현들은 주관적인 표현으로 내가 기대하는 바와 다른 GPT 기준에 자연스러운 자소서를 계속 생성해낼 수가 있다. 혹은 아예 개선한 내용이 거의 없는 결과물을 전달할 수도 있다.

글의 표현을 수정하고 싶은 경우 명확한 예시를 주고 이 케이스 기준으로 수정해달라고 요청하는 것이 좋다.

- 잘못된 프롬프트 예시 :
  - 내가 전달해 주는 자소서를 자연스럽게 만들어지게 수정해 줘.
  - 내가 전달해 주는 자소서를 명확하고 가독성 있게 수정해 줘.

 이렇게 프롬프트를 넣어보세요! : 구체적인 예시를 전달하기

- 내가 전달해 주는 자소서를 추상적인 표현이나 번역투 (ex. 철저히, 혁신적으로)가 드러나지 않게 수정해 줘.

Case 4 : 내 경험에 대한 정보를 일부 주었으나 내가 전달한 정보의 구체성이 없는 경우

AI에게 명령을 할 때 가장 좋은 방법은 내가 가진 고유한 정보를 주는 것이다. 그러나 이때 정보를 줄 때에도 내가 아닌 다른 사람으로 대체했을 때 그 사람의 경험이 되는 것도 같은 느낌의 정보가 된다면 AI가 나만의 고유한 경험에 대한 자소서가 아닌 타인의 자소서를 생성해 주는 경우가 빈번하다. Case 1에서와 마찬가지로 나와 전혀 무관한 거짓말을 넣을 수 있으니 주의해야 한다.

- **잘못된 프롬프트 예시 :**
  - 대학 축제에서 판매해 본 경험이 있어. 이를 통해 문제해결력을 키워 왔어. 이를 토대로 직무 지원 동기를 만들어줘.
  - 전공 수업에서 파이썬을 이용해서 데이터 대시보드를 만든 경험이 있어. 이를 토대로 차별화된 경험을 가진 지원자로 보이게 자소서를 만들어줘.

> **이렇게 프롬프트를 넣어보세요! : 3C4P로 경험 분해한 내용을 전달하기**
> - 내가 작성하고자 하는 경험 3C4P 분해한 내용 입력하기 + 해당 내용 기반으로 자기소개서를 만들어줘
> - *자세한 프롬프트는 Part 3의 p.142를 참고하세요!*

자소서를 생성할 때 AI를 활용하는 것은 구체적인 노하우도 있겠지만, 사용의 목적과 무엇을 얻을 것인가?라는 질문에서 다소 다르게 나타날 수 있다. 자소서를 쉽게 쓰기 위해서 AI를 활용한다는 것도 물론 목적이 될 수 있겠으나, 그것보다는 완성도를 높이고, 필요한 보완점을 찾는 것이 더 적합해 보인다. 생성이 아니라, 피드백과 보완에 사용하도록 하자. 자소서는 연구 보고서가 아니라 내 경험을 설명하는 글이기 때문에 본질적으로 AI가 생성한다는 것이 맞지 않다는 점을 기억하자. 이 책의 프로세스를 따라 완성도를 높이는 자소서를 도전해보자.

CHAPTER 3

필살기 문항

Chapter 3
취업 필살기란?

취업 필살기를 만드는 핵심은 명확하다. 바로 **내 경험에서 직무와 연결**된 성공 경험을 정확하게 찾고 **이를 수치화 된 결과(KPI)로 표현**하는 것이다. 그 첫 단추가 바로 '**유사 경험**'이며, 이를 찾고 정리하는 방법이 가장 중요하다. 하지만 많은 지원자들은 이 부분을 가장 어렵게 느낀다. 경험을 할 때부터 KPI를 고려하지 않았기 때문에, 자신이 어떤 성과를 만들었는지 제대로 파악하지 못하기 때문이다.

필살기의 핵심은 '유사 경험'과 '성공 경험'이다. 그런데 성공 경험을 어떻게 증명해야 할까? 바로 KPI다. KPI(Key Performance Indicator)는 단순한 숫자나 성과가 아니다. 기업에서 실제로 쓰는 성과 지표이며, 당신의 경험이 실제 업무 상황에서도 명확한 성과로 이어질 수 있다는 가장 강력한 근거이다. 따라서 성공 경험을 KPI로 표현하지 않으면 면접관은 그 경험의 가치를 정확히 알 수 없다.

예를 들어, 마케팅 직무에 지원한다고 생각해 보자. 당신이 학교에서 마케팅 동아리 활동을 했거나, 아르바이트로 프로모션을 진행했다고 하자. 그냥 경험을 나열하면 누구나 할 수 있는 평범한 이야기가 된다. 그러나 이 경험을 AI를 활용하여 직무 KPI와 연결시키면 이야기가 달라진다. 예컨대 "SNS 프로모션을 통해 월평균 고객 유입율을 120% 증가시켰다"라거나, "캠페인을 진행하여 매장 방문 고객의 재방문율을 50% 높였다"는 식으로 표현할 수 있다. 이와 같은 KPI 중심의 경험이 바로 당신의 필살기가 된다.

대부분의 사람들이 경험을 할 때 KPI까지 고려하지 않기 때문에 이 부분을 어려워한다. 하지만 걱정하지 않아도 된다. 최근에는 AI가 당신의 경험과 연결된 직무 KPI를 찾아주는 역할까지 가능하다. 당신이 했던 활동이나 경험을 AI에게 설명하면, AI는 그 경험과 연결된 직무 KPI를 제안해 준다. 이렇게 제안 받은 KPI 중에서 당신의 경험과 가장 일치하는 내용을 찾아내고, 이를 실제 수치로 표현해 정리하면 강력한 성공 경험이 된다.

성공 경험을 KPI로 표현하는 것이 중요한 이유는, 바로 뒤에 오는 모든 전형 과정에서 일관된 논리를 제공해 주기 때문이다. 자기소개서에서 KPI로 증명된 성공 경험을 명확히 제시하면, 면접에서도 그 숫자와 성과를 중심으로 질문이 이어진다. 면접관은 숫자로 표현된 성과를 매우 신뢰하며, 당신은 이미 정리된 KPI를 통해 답변을 준비했기 때문에 면접의 어려움이 크게 줄어든다.

이제 당신이 해야 할 일은 간단하다. 당신이 했던 경험을 AI로 분석해 직무와 관련된 경험을 찾고, 이를 KPI로 연결하여 수치화 된 성공 경험을 만드는 것이다. 어려울 것 같지만 사실 간단하고 명확한 프로세스다. 이 방법만 명확히 이해하고 활용한다면, 당신의 취업 필살기를 만드는 과정은 훨씬 쉬워질 것이다.

이제 다음 경험 리스트업 단계에서 AI를 활용해 직무 KPI를 찾고 연결하는 방법을 구체적으로 제시할 것이다. 매뉴얼을 따라 하면서 당신의 경험을 명확한 KPI로 표현하는 필살기를 완성해 보자. 취업 성공이 생각보다 가까이 있다는 것을 곧 알게 될 것이다.

Chapter 3
필살기 경험 고르기

나의 경험에서 필살기를 찾아내는 가장 확실한 방법: 경험 리스트업

많은 취업 준비생들이 자소서를 어려워하는 근본적인 이유가 무엇일까? 바로 "나에겐 특별한 경험이 없어요."라는 생각 때문이다. 하지만 이는 착각이다. 실제로 합격한 사람들의 자소서를 분석하면, 지원자 대부분은 처음부터 특별하거나 거창한 경험을 가지고 있지 않았다. 차이점이 있다면, 그들은 자신이 했던 경험을 잘 찾아내고 정리했다는 것이다.

자신의 경험을 제대로 발견하고 정리하는 첫 번째 단계가 바로 **경험 리스트업**이다. 경험 리스트업은 과거에 자신이 했던 다양한 활동과 업무 경험을 한 곳에 쏟아내고, 그 중에서 의미 있는 경험을 체계적으로 분류하고 골라내는 과정이다. 처음부터 완벽한 경험을 찾으려고

하기보다, 내가 했던 경험들을 있는 그대로 쏟아놓고 차근차근 되짚어보는 것이 핵심이다.

자, 지금부터 이 작업을 간단히 따라 해보자. 학창 시절의 프로젝트나 동아리 활동, 인턴, 아르바이트, 단기 업무 경험, 자격증 취득 과정, 대외활동, 심지어 작은 이벤트나 봉사활동까지—어떤 경험이라도 좋다. 여러분이 가진 모든 경험을 가능한 한 모두 적어 보는 것이다. 얼핏 보기엔 별것 아닌 경험 같지만, 이 과정에서 반드시 '필살기'로 연결될 만한 값진 경험을 발견할 수 있다.

경험 리스트업의 가장 큰 장점은, 자신도 모르고 지나쳤던 경험 속 '숨겨진 역량'과 '성공 경험'을 찾아낼 수 있다는 점이다. 예를 들어 작은 아르바이트 하나도 그냥 돈을 벌기 위한 활동이 아니라 고객 응대 능력, 문제 해결 능력, 협업 능력을 증명할 수 있는 소중한 경험이 될 수 있다. 많은 사람들이 경험을 나열할 때 자신이 가진 경험을 과소평가하는 실수를 저지르곤 하는데, 경험 리스트업을 하면 이런 실수를 피할 수 있다.

특히 경험 리스트업이 중요한 이유는, 이후 '필살기 경험'을 선정하고 정리하는 과정이 매우 수월해지기 때문이다. 내가 했던 경험들을 미리 정리해 두면, 이후 자소서 문항에 따라 어떤 경험을 선택할지 빠르게 결정할 수 있다. 더 나아가 면접에서도 자신 있게 말할 수 있는 소재가 만들어진다.

다음 페이지에서 제공할 여러 실제 예시를 보면서 내 경험과 유사한 사례들을 떠올려 보자. '별것 아니다'라고 생각했던 경험들이 얼마나 강력한 필살기로 바뀔 수 있는지 놀라게 될 것이다. 또한 내가 가진 경험을 정리하고 선정하는 과정을 단계적으로 따라 할 수 있는 구체적인 매뉴얼을 제공하니, 이 매뉴얼대로 따라만 하면 누구나 쉽고 정확하게 필살기 경험을 찾아낼 수 있을 것이다.

기억하자.

자소서의 성공은 완벽한 경험을 만드는 것이 아니라, 이미 가진 경험을 제대로 발견하고 정리하는 것이다. 당신의 경험 리스트업은 취업 성공을 향한 가장 중요한 첫 걸음이다.

이제 경험 리스트업 양식과 사례를 참고하여, 당신의 진짜 경쟁력을 발견할 준비가 되었는가? 그렇다면, 다음 단계로 넘어가자.

경험 리스트업 템플릿 안내

✅ 경험 리스트업 템플릿은 나의 경험, KPI 매칭, 필살기 분류하기로 구성되어 있다.
지원하려는 직무와 매칭되는 경험이 떠오르지 않더라도 나의 경험들을 사소한 것이라도 괜찮으니 경험 유형별로 모두 작성해 보자. 의외로 카테고리별로 작성하게 되면 내가 잊고 있던 경험들이 떠오르게 된다.

경험 리스트업 STEP

	STEP ❶ ➔		STEP ❷ ➔		STEP ❸
no.	경험 유형	경험 내용	KPI 매칭	결과물	경험 분류
1					
2					
3					
4					
5					

❶ 경험 유형별로 경험 내용 작성하기 ❷ 경험과 KPI 매칭 후 결과물 작성하기 ❸ 필살기, 빌살기, 밉살기 분류하기

경험 리스트업 템플릿 다운로드
https://m.site.naver.com/1Ng22

경험 리스트업 작성하기

STEP 1 : 카테고리에 맞게 경험 10개 작성해보기

경험 리스트업에 속하는 카테고리는 총 10가지로 구성되어 있다. 중복되는 카테고리가 있어도 괜찮다. 최대한 다음 분류들을 참고해보면서 내 경험은 어떤 것이 있었는지 작성해보도록 하자. 카테고리를 참고해서 지금까지 걸어왔던 인생을 돌아보며, 내 경험을 찾아내면 된다. 첫 단계에서 가장 중요한 것은 어떤 형태로든 내 경험을 많이 작성해 보는 것이다. 10개 정도 쥐어짜 보길 추천한다.

❶ 학업 / 프로젝트

❷ 동아리 / 대외활동

❸ 연구 / 개발

❹ 인턴

❺ 아르바이트

❻ 공모전 / 대회

❼ 계약직 / 파견직

❽ 정규 입사 경험

❾ 개인 사업 / 창업 / 사이드 프로젝트

❿ 군 경험

[경험 유형별 작성 예시]

no.	경험 유형	경험 내용	KPI 매칭	결과물
1	인턴	홍보팀에서 신규 가입 프로모션 운영		
2	동아리/대외활동	교내 축제 홍보팀에서 SNS 콘텐츠 제작 및 업로드 담당		
3	아르바이트	패션 매장에서 SNS 팔로워 관리		

아무리 봐도 내 경험 리스트들은 직무와 어떤 유사성을 가지고 있는지 찾기가 어렵다면 지원 공고와 AI를 활용해서 관점을 넓혀보자

사용하기 가장 편한 생성형 AI (Chat GPT / Gemini / 뤼튼 / Claude 등)을 활용한다면 고민의 시간은 줄이고 빠른 필살기 선정으로 넘어갈 수 있다.

아래는 채용공고를 활용해서 내가 지원하는 직무와 가장 유사한 경험을 추천을 받을 수 있는 프롬프팅 가이드이다. 아래 가이드를 참고해서 필살기 선정의 도움을 받아볼 수 있도록 해보자.

채용공고 + 내 경험 + 프롬프팅 입력하기

전략기획	· 사업 전략 및 계획 수립 관리 · 경영 실적 관리 및 분석 · 시장 및 경쟁사 동향 파악 및 보고	**지원자격** · 전략 수립, 사업 계획 업무 경험이 있는 분 · KPI 수립 및 경영관리 업무 경험이 있는 분 · Data-driven 분석 및 관리 경험이 있는 분 · 다양한 이해관계자와의 협업 및 설득이 가능하신 분 · 데이터 분석(Excel 등) 및 보고서 작성이 가능하신 분 · 논리적인 커뮤니케이션 능력과 강한 실행력을 갖추신 분 · 치열하게 문제를 고민하고 해결하며 회사와 본인의 성장을 원하시는 분 **우대사항** · 전략컨설팅 또는 전략 부서 재직 경험이 3년 이상인 분 · 외식업, VAN 및 POS 시장에 대한 전략 수립 경험이 있으신 분

채용공고에서 설명하는 직무 설명 내용까지 캡처해서 전달한 내용

> ### ✦ AI 프롬프트 가이드라인 : **직무와 유사한 경험 찾기**
>
> 나는 전략기획 직무를 지원하고 있는데, 이미지의 채용공고를 참고해줘.
> 다음 경험 중에 어떤 경험으로 지원하면 좋을지 경험별 우선순위와 이유, 수치화 된 결과물 키워드를 추천해 줘. 이때 결과물은 직무의 KPI와 연결되고, 우선순위가 높은 KPI 기준으로 매칭해줘. 측정 가능하고 직관적인 내용으로 구성해야 해. 비교가 없거나 수치화가 불가한 A+, 수상, 최적화, 효율, 협업, 프로젝트 완료는 제외해줘.
> 1) 지역 청년 아이디어 공모전에서 수상을 해본 경험
> 2) 올리브영 아르바이트를 해서 사람들에게 물건 프로모션 판매해 본 경험
> 3) 전략기획 인턴으로 하면서 문서 작업을 한 경험

STEP 2 : KPI 매칭하기

경험 분류가 끝났으면 이제 KPI 매칭을 통해 필살기를 발굴할 시간이다. KPI란 Key Performance Indicator의 약자로 직무의 성과를 평가하는 '핵심성과지표'를 의미한다.

AI 도구를 활용해서 나의 경험과 직무명을 입력해서 KPI를 검색해 보고, 해당 직무의 성과를 가장 잘 설명한다고 생각하는 지표를 정해서 매칭해 보자. 이 단계에서 가장 중요한 것은 숫자로 설명할 수 있는 지표, 또 내 경험을 가장 잘 표현하는 지표를 선정하는 것이다.

숫자로 매칭할 수 있는 KPI를 매칭했다면, 결과물도 찾아서 넣어보자. 결과물까지 찾아내는 것이 경험 리스트업의 목표이고, 이 과정을

통해 경험의 우선순위를 판단할 수 있게 된다. 이 과정 역시 AI를 활용해서 내 경험을 검색해 가며, 예시를 참고한다면 수치화에 도움을 받을 수 있을 것이다.

[KPI 매칭 예시]

no.	경험 유형	경험 내용	KPI 매칭	결과물
1	인턴	홍보팀에서 신규 가입 프로모션 운영	**신규 사용자 유입율**	프로모션 쿠폰 사용으로 <u>신규 유저 매출 30% 상승</u>
2	동아리/ 대외활동	교내 축제 홍보팀에서 SNS 콘텐츠 제작 및 업로드 담당	**콘텐츠 노출 증가율**	게시물 <u>노출 수 120% 증가</u>
3	아르바이트	패션 매장에서 SNS 팔로워 관리	소셜미디어 팔로워 성장율	팔로워 수 200명 증가

내 경험을 KPI와 매칭해보기

직접 매칭하기는 어렵고 AI의 도움을 받고 싶다면 다음의 프롬프트를 이용해서 매칭을 진행해 보자.

다음 프롬프트와 함께 매칭을 진행해 본다면 쉽게 정리가 될 수 있다.

> ### ✦ AI 프롬프트 가이드라인 : **KPI 매칭 추천받기**
>
> 학교 연구실에서 차압 스프링 채임버 내부 구조 개발을 통해 기존 구도기 대비 작동 효율을 개선시킨 경험이 있어. 연구개발 직무로 지원하려고 하는데 이 경험을 설명하기에 좋은 KPI를 추천해줘. 이때 KPI는 직무에 대해서 직무의 KPI를 우선순위가 높은 KPI로 매칭해줘. 측정 가능하고 직관적인 내용으로 구성해야 해. 비교가 없거나 수치화가 불가한 A+, 수상, 최적화, 효율, 협업, 프로젝트 완료는 제외해줘.

> ### ✦ AI 프롬프트 가이드라인 : **KPI 매칭 추천받기**
>
> 내가 패션 매장에서 SNS 관리를 했던 아르바이트 경험이 있어. 이런 경험을 하는 동안 매출 상승, 팔로워 수 증가, 불만 감소 결과물을 만들어 냈는데, KPI 관점에서 마케팅 직무에 가장 잘 맞는 결과물을 1개를 선택하고 이유를 알려줘. 이때 KPI는 직무에 대해서 직무의 KPI를 우선순위가 가장 높은 KPI로 매칭해줘. 측정 가능하고 직관적인 내용으로 구성해야 해. 비교가 없거나 수치화가 불가한 A+, 수상, 최적화, 효율, 협업, 프로젝트 완료는 제외해줘.

KPI 매칭을 잘 한 경우

• 직무 : 마케팅

> ✅ 경험 리스트업과 KPI 매칭 시 중요한 기준은, 나에게 중요한 경험이 아닌 KPI 기준으로 성과의 수치가 높은 경험이 무엇인지이다.
> 다음 케이스를 살펴보면 어떻게든 결과물을 수치화하기 위해 노력했다. 경험의 결과를 숫자로 표현하게 되니 KPI와의 연결성이 직관적이고 과대 해석할 오류가 없어진다.

no.	경험 유형	경험 내용	❶ KPI 매칭	결과물
1	인턴	홍보팀에서 신규 가입 프로모션 운영	**신규 사용자 유입율**	프로모션 쿠폰 사용으로 **신규 유저 매출 30% 상승**
2	동아리/대외활동	교내 축제 홍보팀에서 SNS 콘텐츠 제작 및 업로드 담당	**콘텐츠 노출 증가율**	게시물 **노출 수 120% 증가**
3	아르바이트	패션 매장에서 SNS 팔로워 관리	소셜미디어 팔로워 성장율	팔로워 수 200명 증가
4	공모전/대회	디지털 마케팅 공모전에서 친환경 뷰티 제품 2030 여성 대상 릴스 제작	콘텐츠 노출 증가율	조회수 1등
5	인턴	SNS 데이터 정리한 경험	-	보고서 기한 내 제출 100%

↑ KPI 리스트와 매칭이 되지 않아 비워두었다.

> ❶ KPI 매칭
> 전반적으로 KPI 지표와 결과물이 직접적으로 연결되는 모습을 볼 수 있다.
> 신규 사용자 유입율에서 신규 유저 매출 30% 상승이라는 결과물로 신규 유저가 많이 결제했구나라는걸 바로 이해할 수가 있다.

KPI 매칭이 아쉬운 경우

- 직무 : 기구 설계

▼ KPI 매칭 단계에서 주관적인 과대 해석이 들어갈 경우, 유사 경험이라는 이름으로 모든 경험이 다 그럴싸하게 보일 수 있다.
다음의 경우, 자신의 모든 경험을 유형별로 분류했으나 주관적 해석이 가능한 KPI 지표를 사용하게 되면서 결과물의 성과가 직관적으로 확인되지 않아 경험 매칭이 아쉬운 케이스가 되었다.

no.	경험 유형	경험 내용	❶ KPI 매칭	결과물
1	연구/개발	다수의 논문 검색 및 학습	**문제 해결 및 혁신적인 사고**	**이해도 향상**
2	연구/개발	캡스톤 프로젝트 팀장으로 팀을 이끌었던 경험	**협업 소통 능력**	**최고의 리더였다고 칭찬받음**
3	아르바이트	계절학기 때 편의점 아르바이트에서 재고 관리	제품 수명 연장율	재고 폐기율 감소
4	동아리/대외활동	자작 자동차 대회에서 주행 안정을 위한 설계도 제작	설계 오류율 감소	3등 수상
5	학업/프로젝트	자동차 관련 논문 분석 20건	제품 설계 결함률 감소	실험 개선 아이디어 도출

❶ KPI 매칭
KPI 매칭 리스트 중에서 문제 해결 및 혁신적인 사고, 협업과 같은 지표들이 주관적인 해석이 들어갈 수 있는 지표이다. 개개인이 생각하는 협업은 무엇인지, 혁신적이다 라는 정의가 다 다르기 때문에 오류율, 결함률과 같이 측정 가능한 지표들로 매칭하는 것이 좋다.
칭찬이라는 결과를 작성했으나 해당 결과물들은 나의 주관적인 생각이나 평가로 그칠 수 있는 내용인 점이 아쉬운 부분이다.

STEP 3 : 필살기, 빌살기, 밉살기 분류하기

KPI 매칭이 끝났다면, 필살기, 빌살기, 밉살기 분류를 해보도록 하자.

필살기를 신청하는 방법: 경험을 분류하고 정리하기

자, 이제 경험 리스트업을 마쳤다면, 다음으로는 나열한 경험들을 체계적으로 분류하고 정리해야 한다. 단순히 경험을 나열하는 것만으로는 부족하다. 제대로 정리된 경험이 자소서와 면접에서 즉각적인 힘을 발휘하기 때문이다.

경험을 효과적으로 정리하는 핵심은 바로 **직무 KPI를 기준으로 한 경험 분류**다. 경험 리스트업이 여러분의 잠재적인 필살기 후보군을 만드는 과정이었다면, 지금 하는 **경험 분류하기**는 그 후보군 중에서 진짜 필살기를 찾아내는 과정이다. 직무 KPI를 기준으로 경험을 평가하고 나누면, 내가 가진 경험 중에서 어떤 경험을 어디에 배치해야 할지 명확하게 알 수 있다.

자, 그럼 실제로 경험을 어떻게 분류해야 할까? 경험 분류는 크게 세 가지 유형으로 구분할 수 있다.

필살기 | 빌살기 | 밉살기 분류표

	필살기	빌살기	밉살기
(직무) 유사경험	O	X	O
성공 경험	O	O	X
활용 방법	경험을 묻는 모든 문항	인성 관련 문항	성장 과정, 지원 동기

※ 필살기, 빌살기, 밉살기란 전문 용어는 아니다. 직무 유사성이 조금 미끄러진 경험을 빌살기라고 익살스럽게 표현했으며, 성과는 있으나 미미하여 필살기라고 하기엔 조금 아쉬운 경험을 밉살기로 표현했다.

❶ 필살기 (KPI 매칭 O, 결과 제시 가능)

- 이 경험은 내가 지원하는 직무 KPI와 명확히 연결되고, 구체적인 성과(숫자 또는 결과)를 보여줄 수 있는 최고의 경험이다.
- 예를 들어, 마케팅 직무의 KPI가 '매출 증가율'이라면, 내가 매출을 30% 증가시킨 경험을 가진다면 이 경험은 필살기다.

❷ 빌살기 (KPI 매칭 X, 자신이 잘했다고 강조할 수 있는 경험)

- 명확한 KPI로 연결되진 않지만, 나의 성격과 태도, 문제 해결 능력 등 인성 관련 문항에서 강점을 어필할 수 있는 경험이다.
- 예를 들어, 동아리 팀장으로 활동하며 대화에서 1등을 수상 한 해결한 경험은 명확한 KPI가 없더라도 충분히 내 인성을 강조할 수 있는 좋은 사례다.

❸ 밉살기 (KPI 매칭 O, 결과 제시 불가능)

- KPI와 연결된 경험이지만 구체적인 성과를 숫자로 제시하기 어려운 경우다. 이 경험은 주로 지원 동기나 성장 과정과 같은

문항에서 직무 일관성을 설명하는 데 사용된다.
- 예를 들어, 관련 프로젝트에 참여했지만 숫자로 증명하기 어렵거나 명확한 성과가 없는 경우다.

이렇게 세 가지로 분류했다면, 이제 각 경험을 우선순위에 따라 정리해야 한다. 가장 높은 성과나 수치를 낸 경험을 필살기 1, 필살기 2로, 그다음은 빌살기와 밑살기로 번호를 붙여 구분한다. 이 번호는 단지 자소서 작성에만 쓰이는 것이 아니라, 면접까지 일관되게 이어지기 때문에 경험의 코드화가 매우 중요하다.

특히 KPI 매칭에서 직관적이고 수치가 명확한 것 중심으로 필살기로 분류해야 하며, 추상적인 경험보다 결과 중심의 경험이 우선순위로 배치되어야 한다.

☑ 필살기 발굴을 위한 KPI 매칭 체크리스트

☐ KPI는 측정 가능한 지표로 작성되어 있는가?

☐ 경험의 결과가 정량적(숫자)으로 표현되었는가?

☐ 경험의 결과물이 해석해야 할 필요 없이 KPI와 직관적으로 매칭되는가?

☐ 수상, 어학 성적, 자격증 등의 경험으로 KPI를 필살기로 연결하진 않았는가?

☐ KPI를 한 결과물당 여러 개 매칭하진 않았는가?

경험 리스트업 계열별 케이스 스터디

인문계

❶ 직무 : 영업

누구나 해볼 수 있는 아르바이트, 학교, 대외활동 경험들을 KPI 관점에서 재해석을 진행했다. 영업 직무의 핵심 KPI는 판매라는 점에 맞춰서 우선순위를 부여하면서 판매 개수가 높았던 경험을 필살기 1로 분류했다. 고객 컴플레인을 응대하느라 에너지와 시간을 많이 썼을지라도, 나에게 중요했던 경험보다 KPI 관점에서 우선순위를 따져본다면 내가 생각했던 우선순위와 달라질 수 있다. 높은 학점도 마찬가지다. 공부를 성실히 한 것은 잘한 것이겠지만, 영업직무 관점에서는 KPI와 매칭되는 점이 없어서 빈칸으로 두고, 빌살기로 분류해 둔 케이스이다.

no.	경험 유형	경험 내용	KPI 매칭	결과물	필/빌/밉
1	아르바이트	카페에서 디저트 세트 판매 진행함	판매 수량	주간 세트 판매 개수 1위	필살기 1
2	아르바이트	카페에서 불만 고객을 응대함	클레임 발생율 감소율	컴플레인 빈도수 10회 감소	필살기 2
3	동아리/ 대외활동	서포터즈로 과자 신제품 마케팅 진행	신규 고객 유치 건수	캠페인 참여율 2배 상승	빌살기 1
4	학업/ 프로젝트	경영 수업에서 고객 타겟팅 프로젝트를 진행함	-	학점 A0	빌살기 2
5	학업/ 프로젝트	대동제에서 아이스 음료 판매함	신규 고객 유치 건수	부스 방문객 증가	밉살기

KPI 리스트와 매칭이 되지 않아 비워두었다.

❷ 직무 : 콘텐츠 마케팅

no.	경험 유형	경험 내용	KPI 매칭	결과물	필/빌/밉
1	학업/프로젝트	지역 커뮤니티 브랜드 인지도 향상 캠페인 기획 및 운영	콘텐츠 조회수	조회수 목표 300% 달성	필살기1
2	동아리/대외활동	여행 사진전 홍보용 블로그 채널 관리	신규 고객 유입율	구독자 수 210명 증가	필살기2
3	동아리/대외활동	참여형 설문 콘텐츠 시리즈 제작 및 배포	소비자 참여율	설문 응답률 78% 기록	빌살기1
4	인턴	고객 피드백 관리 및 분석 지원 업무 수행	-	피드백 반영률 22% 향상	빌살기2
5	동아리/대외활동	청년 단체 홍보 전략 수립	콘텐츠 반응 수	최우수 콘텐츠상 수상	밉살기1

↑ KPI 리스트와 매칭이 되지 않아 비워두었다.

❸ 직무 : 서비스 기획

no.	경험 유형	경험 내용	KPI 매칭	결과물	필/빌/밉
1	동아리/대외활동	온보딩 프로그램 콘텐츠 설계 및 운영 경험	비즈니스 성과 기여도	체험권 100% 예약 마감	필살기1
2	학업/프로젝트	학회에서 모바일 앱 알림 서비스 기획·출시 경험	기획안 반영 성공율	사용자 재방문율 130% 증가	필살기2
3	학업/프로젝트	단기 워크숍 기획 경험	사용자 만족도 점수	워크숍 만족도 20% 향상	빌살기1
4	인턴	스타트업 IR 데이 행사 참여 후 서비스 홍보 및 설명회 진행	사용자 전환율	부스 방문 기업 증가	밉살기1
5	동아리/대외활동	협업 굿즈 프로젝트에서 굿즈 판매 경험	사용자 전환율	굿즈 방문객 증가	밉살기2

이공계

❶ 직무 : 품질 관리

학교 경험을 재해석할 때 내 경험을 다시 KPI 기준으로 바라본다면 어떤 결과물이 나올지 살펴보면 좋다. 시험 장비를 다뤄보고 끝일 수 있지만 새로운 시험 장비를 사용하면서 오차를 감소시키고, 제품 완성 시간을 단축시켰던 결과물을 찾아낼 수 있었다. 교육을 열심히 들은 것도 중요하지만 가상이라는 점에서 밉살기로 분류를 한 점에서 경험의 우선순위를 잘 정리했다.

no.	경험 유형	경험 내용	KPI 매칭	결과물	필/빌/밉
1	연구/개발	전공 실험에서 시험 장비를 다뤄본 경험	불량율 감소 비율	시험 결과 오차를 50% 감소시킴	필살기 1
2	연구/개발	납땜한 부품의 불량을 개선해 본 경험	리드타임 개선	제품 완성 시간 2주 단축	필살기 2
3	동아리/대외활동	AI 코딩 동아리에서 임원진을 한 경험	-	동아리 가입율 이전 학기 대비 향상	빌살기 1
4	동아리/대외활동	반도체 제조 교육을 들은 경험	생산성 향상 비율	가상 수율 측정 프로젝트 조에서 1위	밉살기1
5	아르바이트	버거킹에서 식자재 관리한 경험	불량율 감소 비율	식자재 폐기율 감소	밉살기2

KPI 리스트와 매칭이 되지 않아 비워두었다.

❷ 직무 : 연구 개발

no.	경험 유형	경험 내용	KPI 매칭	결과물	필/빌/밉
1	학업/프로젝트	친환경 수 처리 필터 소재 성능 개선 연구 참여	새 제품 개발 성공률	독성 제거율 95% 이상을 달성	필살기1
2	학업/프로젝트	졸업 작품에서 초경량 복합소재 설계 및 성형 연구	연구 목표 달성률	기체 강도 대비 중량비 15% 향상	필살기2
3	학업/프로젝트	저전력 IoT 센서 네트워크 최적화 알고리즘 설계 및 구현	연구개발 시간 내 준수율	데이터 전송 지연시간 40% 감소	필살기3
4	동아리/대외활동	기술 전시회 부스용 인터랙티브 시연 장치 개발	연구 결과 일치율	실시간 시연 장치 작동 성공	밉살기1
5	학업/프로젝트	스마트팜 자동제어 시스템의 오류 진단 로직 개발	예산 사용 준수율	예산 내 개발 완료	밉살기2

❸ 직무 : 데이터 분석

no.	경험 유형	경험 내용	KPI 매칭	결과물	필/빌/밉
1	인턴	유통사 판매 데이터 분석을 통해 공급망 병목 구간 최적화 방안 제시	데이터 처리 속도	프로세스 처리 시간 45% 단축	필살기1
2	학업/프로젝트	소셜미디어 텍스트 데이터를 활용한 브랜드 평판 예측 모델 개발	모델 성능 개선 비율	예측 정확도 92% 달성	필살기2
3	동아리/대외활동	캠페인 페이지 유입 경로 분석 및 개선 전략 리포트 작성	비즈니스 성과 기여율	이탈율 28% 감소	필살기3
4	동아리/대외활동	웹 트래픽 로그 데이터 기반 실시간 알림 시스템 설계	클라이언트 만족도 점수	버그 오류 문의율 감소	빌살기1
5	동아리/대외활동	데이터 기반 학습 추천 시스템 프로토타입 개발 및 사용자 피드백 분석	보고서 승인 비율	혁신상 수상	밉살기1

공공기관

❶ 직무 : 사무 행정

당시 주어진 역할 외에 KPI 기준으로 내 경험을 재작성한 케이스이다. 인턴, 동아리에서 단순 문서처리나 비용 처리를 하는 역할을 맡았지만, KPI로 경험을 매칭해보면서 집행 요청 100% 처리, 자료 제출 정확도 100% 달성과 같이 직무 관점에서 경험을 잘 정리했다.

no.	경험 유형	경험 내용	KPI 매칭	결과물	필/빌/밉
1	인턴	예산 집행 및 일정 조율 업무를 담당한 경험	비용 처리 정확도	예산 집행 요청 100% 처리	필살기1
2	동아리/ 대외활동	교내 기획단 활동하며 행정서류를 관리한 경험	데이터 입력 정확도	자료 제출 정확도 100% 달성	필살기2
3	아르바이트	카페 아르바이트 시 음료 재고 관리 프로세스 개선을 한 경험	감사 결과 적합 판정 비율	재고 오류율 0%	빌살기1
4	학업/ 프로젝트	조별 과제 발표 PM을 맡은 경험	-	학점 최우수	빌살기2
5	동아리/ 대외활동	봉사자 스케줄 관리 및 진행 체크리스트 작성 경험	문서 작성 정확도	봉사자 컴플레인 감소	밉살기1

KPI 리스트와 매칭이 되지 않아 비워두었다.

❷ 직무 : 사무 행정2

no.	경험 유형	경험 내용	KPI 매칭	결과물	필/빌/밉
1	인턴	복지관 문화강좌 정산 업무 지원	작업 완료 시간 준수율	예산 보고서 기한 내 100% 제출	필살기1
2	동아리/ 대외활동	학교 소식지 발간팀 활동 중 외부기관 공문 처리 및 자료 관리	기록 보관 규정 준수율	자료 보관 규정 위반 사례 0건	필살기2
3	학업/ 프로젝트	NGO 서포터즈 활동으로 캠페인 진행	-	캠페인 참여율 이전 학기 대비 30% 향상	빌살기1
4	아르바이트	고객센터 사무 보조로 민원 처리 및 승인 요청 문서 관리 업무 수행	승인 요청 처리 속도	문서 처리 지연 건수 감소	밉살기1
5	동아리/ 대외활동	동아리 문서서류 행정 작업 진행	문서 작성 정확도	데이터를 전임자 대비 정확 하게 입력	밉살기2

_{KPI 리스트와 매칭이 되지 않아 비워두었다.}

경험 리스트업이 끝나면 여러분은 이제 자신만의 강력한 필살기 포트폴리오를 갖추게 된다. 각 경험을 어디에 쓸지 명확하게 알게 되고, 자신 있게 면접에서 말할 수 있는 소재로 활용할 수 있게 될 것이다. 요리로 치면, 최고의 재료를 엄선해서 레시피대로 요리를 하였고, 이제 남은 것은 먹기 좋게 꺼내고 데코를 추가하는 플레이팅 단계라고 보면 된다. 취업과 이직 준비의 절반 이상은 끝났다. 정말 수고했고 잘했다. 이제 다음 단계인 경험을 분해하고, 구조화/수치화 하는 단계로 넘어가보자.

경험 리스트업
케이스 뱅크
Top 10 직무

경험 리스트업
케이스 뱅크 Top 10 직무

Top 10 직무 & KPI

  NLT 자소서 메이트 사용자들이 작성한 총 29,517개의 자소서를 분석했을 때, 가장 많이 지원하는 직무 Top 10과 가장 많이 매칭된 대표 KPI를 정리한 내역이다. 지면 관계상 Top 10 직무만 수록하였으며, NLT 자소서 메이트 시스템에서 더욱 방대한 실시간 업데이트 KPI 정보를 활용할 수 있다.

> *** NLT 자소서메이트란?**
> 필살기 경험을 세 단계로 작성하면, 자소서가 면접관의 언어로 만들어질 수 있도록 도와주는 시스템이다.
> 직무별 KPI 리스트, 합격자 경험 예시 리스트, 자소서 자동 완성 기능을 통해 필수 자소서 문항들을 모두 해결할 수 있는 합격 러닝 메이트로 준비되어 있다.

NLT 자소서메이트 알아보기
https://m.site.naver.com/1Ng3N

1. TOP 10 직무 KPI 리스트 / 자소서 사례

TOP 10 직무의 주요 KPI 매칭 비율

no.	직무	직무 선택 비율	대표 매칭 KPI	KPI 선택 비율
1	연구개발	5.8%	연구 목표 달성률	25.4%
2	영업/영업지원/영업관리	4.7%	월간 매출 증가율	21.1%
3	재무회계	3.4%	재무 보고 정확도	13.8%
4	품질관리	3.2%	불량률 감소 비율	25.3%
5	경영기획/전략기획	3.2%	신규 사업 제안 성공률	18.0%
6	데이터분석/AI 엔지니어	2.9%	모델 예측 정확도	20.8%
7	경영지원/총무	2.7%	문서 관리 정확도	16.9%
8	PM/서비스기획/운영	2.6%	고객 만족도 점수	25.4%
9	인사(HRD)/교육기획	2.6%	교육 만족도	18.0%
10	브랜드 마케팅	2.4%	브랜드 인지도 증가율	11.6%

• 전체 모수 : 자소서 29,517개 / 지원직무 : 229개
• 분석기간: 2024년 7월 ~2025년 7월 빅데이터 기반

대표적인 직무별 KPI 매칭 내용 외에도, KPI를 활용하여 자소서를 작성한 작성 예시를 첨부한 내용이다. 신입의 경험, 학교 경험과 같이 일반적으로 할 수 있는 경험도 KPI를 중심으로 풀어내면 아래와 같이 작성할 수 있다. 꼭 나의 직무가 아니더라도, 다른 직무들의 사례를 보면서, 어떤 식으로 풀어냈는지 참고해 보자.

1. 연구개발

1위 '연구 목표 달성률' KPI 적용 자소서 예시

연구개발 KPI			
1위	연구 목표 달성률	25.4%
2위	연구개발 시간 내 준수율	12.2%
3위	새 제품 개발 성공률	10.4%
4위	개선된 제품의 성능 지표	8.3%
5위	연구 결과 일치율	6.5%

자소서 키워드: 신입 / 학교 연구 / 연구개발 / 편차 개선

PID 기반 주파수 보상 알고리즘 설계를 통한 다중 모터의 속도 편차 92% 개선

학부 연구생 시절, 다중 모터 구동 시스템을 설계하던 중 각 모터 간의 속도 편차가 560RPM 가량 발생해 전체 시스템의 안정성이 떨어지는 문제가 있었습니다. 보다 정밀하고 신뢰도 높은 다중 모터 시스템을 구현하고자 ❶<u>속도 편차를 최소화하는 것을 목표</u>로 삼았습니다. '동기 제어', '다중 모터'를 키워드로 하여 12건 이상의 논문을 분석했고, 별도의 통신 없이 적용할 수 있는 PID 기반 주파수 보상 기법이 효과적임을 발견했습니다.

가장 먼저, PID 제어에서의 비례·적분·미분 게인 값은 모터 부하에서의 편차 비율을 최소화하도록 실험적으로 선정했습니다. ❷<u>비례 게인 0.12, 적분 게인 0.03, 미분 게인 0.005로 설정</u>해서 두 모터의 속도 차이를 최대 지령 속도의 8% 이내로 유지하도록 했습니다. 또한 진동 노이즈를 감소시켜서 시스템 응답시간을 50% 단축했습니다. 해당 연구 진행 내용을 비전공자들도 이해할 수 있도록 알고리즘 흐름도를 제작해 설명했고, 모터 제어기 및 PID 보상 설계 과정, 파라미터 선정법 등을 38페이지 분량의 매뉴얼로 공유하였습니다. ❸<u>그 결과, 두 모터의 속도 편차를 20RPM로 줄이면서 기존 편차 대비 92% 개선</u>시킬 수 있었습니다.

---

❶ 교수님이 시켜서 한 일이 아닌 내 연구를 통해 개선하고자 하는 진짜 문제가 무엇인지 전달하면 직무와 연결성을 높인 경험으로 보여질 수 있다.

❷ 단순히 최소화시켰다고 끝내지 않고 구체적인 조건 설정을 전달하여 실험의 구체성이 드러나고 있다.

❸ 목표했던 속도 편차 최소화에 대한 결과물을 제시하여 경험이 일관성 있게 전달되고 있다.

2. 영업/영업지원/영업관리
1위 '월간 매출 증가율' KPI 적용 자소서 예시

영업 KPI			
	1위	월간 매출 증가율	21.1%
	2위	고객 만족도 점수	17.9%
	3위	분기별 신규 고객 획득 수	11.2%
	4위	고객 이탈률	6.5%
	5위	평균 거래 크기	6.2%

자소서 키워드: 신입, 아르바이트, 영업, 매출 상승

신제품 프로모션 개선을 통한 '스파이시 그릴드 버거' 월 매출 20% 증가

패스트푸드 아르바이트 당시 신제품을 판매한 경험이 있습니다. 당시 출시된 신제품이 있었는데, ❶ 매장 방문 고객들은 호기심을 가졌으나 제품에 대한 설명 부족으로 구매를 망설였습니다. 신제품 '스파이시 그릴드 버거'의 판매 부진 원인을 분석하고, 효과적인 설명 가이드라인을 개선했습니다. 고객 30명과 경쟁 브랜드를 조사한 결과, ❷ 그릴드 패티와 매운 소스 조합이 익숙하지 않다는 피드백이 많았고, 타사 대비 신메뉴에 대해 직원들이 메뉴 설명을 제공하지 않는 문제를 확인했습니다.

이에 신제품 설명 방식을 "직접 그릴에 구운 패티와 매콤한 크리미 소스의 색다른 풍미"로 개선하고, 직원들이 판넬 홍보 외에도 직접 추천하도록 했습니다. 또한, ❸ 고객이 쉽게 이해할 수 있도록 "프렌치 프라이와 함께 먹으면 더욱 풍미가 살아난다"는 설명을 추가하여 세트 구매를 유도했습니다. 이를 통해 매일 신제품 구매 건수가 10건 이상으로 증가했습니다. 직원 교육을 위해 설명 가이드를 문서화하고 공유한 결과, 월 매출이 20% 증가했습니다.

이를 통해 고객과의 직접적인 소통이 매출 증대에 기여함을 배웠습니다.

---

❶ 서두에 바로 문제를 기술했다. 문제 속에 고객과 고객 니즈를 함께 규정하면 배경 설명을 압축할 수 있다.

❷ 분석을 통해 고객의 생소리를 구체적으로 언급했다.

❸ 고객이 이해할 수 있게 소통하고 내부 직원 역시 고객으로 인식하여 직원이 이해하기 쉬운 방법으로 소통했다.

본 챕터의 사례들은 당사자의 사전 동의를 거쳐 가공된 내용을 기반으로 수록되었습니다.

3. 재무회계

1위 '재무 보고 정확도' KPI 적용 자소서 예시

재무회계 KPI			
1위	재무 보고 정확도	13.8%
2위	결산 완료 시간	8.7%
3위	비용 절감 비율	7.4%
4위	재무 리스크 관리 성공률	5.9%
5위	재무 보고서 제출 시간 정확성	5.1%

자소서 키워드: (신입) (인턴) (재무회계) (정확도)

2차 검토 프로세스 개선을 통한 보고서 제출 정확도 98% 달성

세무팀에서 신고프로세스 개선 역할을 맡았던 경험이 있습니다. 당시 세무 신고 대상 기업과 개인 고객은 정확한 신고와 기한 내 제출을 원했지만, 도급업자 정보 누락으로 신고 지연이 발생했습니다. ❶고객 30명을 조사한 결과, 60%가 도급업자 정보를 보관하지 않아 제출이 지연되었다는 것을 알게 되었습니다. 또한 타사 시스템을 조사해 보며 기존 저희 팀의 방식이 기존 연 단위 자료 제출 방식이 누락을 유발하는 문제를 확인했습니다.

❷이에 1차로 은행 거래 내역을 받아 도급업자 정보를 확인하고, 사업자등록번호 문제를 사전 해결을 진행했습니다. 기존과는 달리 단계에 따라서 2차로 고객 피드백을 반영하여 신고서를 보완하는 방식으로 변경했습니다. 또한, 연 단위 제출에서 분기별 제출 방식으로 개편하여 서류 누락을 방지했습니다. 새로운 프로세스를 통해 정보 재입력 요청 시간이 줄어들게 되면서 제출 기한 준수율을 100%로 개선했습니다. 그 결과, 보고서 제출 정확도를 60%에서 98%로 향상시킬 수 있었고 ❸이 프로세스를 문서화하여 내부 교육 자료로 활용하여 관리체계를 만들 수 있었습니다.

---

❶ 고객의 소리 중에 가장 많은 비중을 차지하는 내용을 수치와 함께 구체적으로 언급했다.

❷ 경쟁사 조사를 통해 발견한 문제 해결 방법을 제시했다. 배경 설명과 행동의 연결성이 명확하면 설득력을 높일 수 있다.

❸ 내부 직원을 고객으로 상대하는 직무의 대표적인 소통 액션 내용이다.

4. 품질관리

2위 '생산성 향상 비율' KPI 적용 자소서 예시

품질관리 KPI			
	1위	불량률 감소 비율	25.3%
	2위	생산성 향상 비율	20.6%
	3위	고객 불만 사항 해결 시간	11.9%
	4위	품질 검사 통과율	11.1%
	5위	공정 준수 비율	9.5%

자소서 키워드: (신입) (학교연구) (품질관리) (생산성)

고온 기반 실험 공정 개선으로
시료 수율 100% 달성

실험실에서 신소재 합성 프로젝트를 수행하며, 분말형 촉매제가 용액에 제대로 분산되지 않는 문제가 발생했습니다. 소량 실험에서는 문제가 없었으나, 대량 시료를 제조하자 불량 발생과 함께 수율 저하가 나타났습니다. ❶원인 분석을 진행하며, 기존에는 촉매제를 마지막에 넣었으나 대량 실험에서는 혼합력이 떨어져 응집이 발생한다는 점을 확인했습니다. ❷촉매제의 물성 자료 3종, 선행 실험 리포트 8건, 실험 노트를 검토하며 촉매제가 고온 상태일 경우 점도가 급격히 상승해 혼합력이 떨어지고, 교반 속도를 높여도 분산 효과가 제한적이라는 것을 알게 되었습니다.

이러한 분석 결과를 바탕으로 촉매제를 공정 초반에 투입하는 방식으로 실험 순서를 변경했습니다. 초기 단계는 용액의 점도가 낮아 교반 시 고온으로 인한 응집 문제를 피할 수 있었습니다. ❸교반 속도를 기존 200rpm에서 350rpm으로 높이고, 교반 시간을 10분에서 20분으로 늘려 촉매제가 균일하게 분산되는지 확인했습니다. 또, 반응 온도를 기존 60℃에서 45℃로 낮춰 점도 상승을 억제하며 분산 효율을 높였습니다. 이후 발생할 수 있는 변수를 줄이기 위해 주의 사항과 함께 표준 실험 지침을 새롭게 작성 후 공유했습니다. ❹개선된 공정을 실제 대량 시료 생산에 적용한 결과, 분산 불량 문제가 재발없이 목표했던 수율 100%를 달성할 수 있었습니다.

❶ 문제가 발생하는 지점을 분석하여 전달하고 있다.

❷ 이공계열에서 자주 찾아볼 수 있는 관련 자료, 선행 리포트를 문제해결을 위한 대상으로 조사했다.

❸ 구체적인 실험 조건들을 수치화된 내용으로 전달하고 있어서 실험의 디테일을 보여주고 있다.

❹ 생산성 향상 KPI를 달성함으로 인해 불량률 감소 KPI도 함께 달성한 좋은 케이스다

본 챕터의 사례들은 당사자의 사전 동의를 거쳐 가공된 내용을 기반으로 수록되었습니다.

5. 경영기획/전략기획

3위 '매출 성장률' KPI 적용 자소서 예시

경영기획 KPI
순위	항목	비율
1위	신규 사업 제안 성공률	18.0%
2위	프로젝트 완료율	15.4%
3위	매출 성장률	12.1%
4위	목표 달성률	10.5%
5위	비용 절감률	6.1%

자소서 키워드: (경력) (정규입사경험) (경영기획/전략기획) (매출 성장)

맞춤형 전략 도입으로
매출 성장률 30% 달성

신규 사업의 주요 고객은 차별화된 서비스와 맞춤형 경험을 원했으나, 기존 서비스가 시의성에 맞지 않아 전환율이 5%대에 머물렀습니다. 경쟁사의 매출 성장 전략을 분석한 결과, 맞춤형 프로모션을 적극 활용하여 구매 전환율을 높이고 있었습니다. 반면, 당사는 운영 프로세스가 복잡해 고객 응대 속도가 느렸고, 맞춤형 안내가 원활하지 않았습니다.

❶이에 타깃 고객을 3가지 세그먼트로 분류하고, 맞춤형 프로모션을 기획했습니다. 또한, 영업 대응 속도를 개선하기 위해 내부 프로세스를 3단계에서 2단계로 축소했으며, 기존의 정형화된 할인 정책을 개인화된 구매 혜택으로 변경했습니다. ❷실시간 매출 데이터를 분석하여 주 단위 점검 회의를 도입하고, 지속적인 최적화를 추진했습니다. 그 결과, 고객 전환율이 5%에서 20%로 상승하며 매출 성장률 30%를 달성했습니다. ❸내부 프로세스 개선으로 의사결정 속도 또한 향상되었습니다.

---

❶ 글자 수가 허용된다면 고객의 유형은 무엇인지, 맞춤 홍보 기획은 무엇인지 대표 예시를 언급하면 설득력이 높아진다.

❷ 회의를 많이 했다는 추상적인 내용 대신 회의의 목적을 표현하여 결과물에 영향을 미치는 소통을 진행했다고 표현했다.

❸ 내부 직원을 고객으로 상대하는 직무의 대표적인 소통 액션 내용이다.

6. 데이터분석/AI 엔지니어
1위 '모델 예측 정확도' KPI 적용 자소서 예시

AI KPI			
1위	모델 예측 정확도	20.8%
2위	AI 프로젝트 완료율	9.5%
3위	비즈니스 문제 해결 건수	8.2%
4위	모델 정확도 향상 비율	7.8%
5위	데이터 활용률	5.9%

자소서 키워드: (신입) (동아리/대외활동) (데이터분석/AI엔지니어) (정확도)

검색 기능 개선으로
예측 정확도 87% 달성

학교 방송 동아리에서 방송 청취자에게 보다 다채로운 음악 선곡 경험을 제공하기 위해, 기존 선곡 시스템의 문제를 해결하고자 했습니다. 기존 시스템은 제목과 가수명 검색에 의존하여 상황에 맞는 선곡이 어려웠고, AI 모델의 예측 정확도는 70%대에 머물렀습니다. 이에 관련 논문과 AI 기반 음악 추천 시스템을 조사하며, 노래 가사 데이터 6000건을 분석했습니다. 이를 통해 음악 추천에 있어 비지도 학습 모델보다 지도 학습 모델이 더 적합하다는 결론을 얻었습니다.

따라서 가사 데이터 6000건을 전처리하여 주요 키워드를 추출하고, ❶이를 활용한 지도 학습 기반 음악 추천 모델을 개발했습니다. 또한 검색 기능을 개선하여 PD의 선곡 소요 시간을 32% 단축했습니다. 개발한 모델을 공단 내부에 배포하여 방송 편성에서 실제로 활용할 수 있도록 적용했으며, ❷그 결과 가사 분석 기반 추천 모델의 예측 정확도를 87%까지 향상시킬 수 있었습니다. 이를 통해 교내 방송 PD 및 내부 관계자의 활용도가 증가하였으며, 보다 정교한 음악 선곡이 가능해졌습니다.

❶ 고객의 소리 중에 가장 많은 비중을 차지하는 내용을 수치와 함께 구체적으로 언급했다.

❷ 경쟁사 조사를 통해 발견한 문제 해결 방법을 제시했다. 배경 설명과 행동의 연결성이 명확하면 설득력을 높일 수 있다.

본 챕터의 사례들은 당사자의 사전 동의를 거쳐 가공된 내용을 기반으로 수록되었습니다.

7. 경영지원/총무

5위 '문서 관리 효율성' KPI 적용 자소서 예시

경영지원 KPI

순위	항목	비율
1위	문서 관리 정확도	18.0%
2위	사내 행사 운영 성공률	15.4%
3위	비용 절감 비율	12.1%
4위	고객 클레임 처리 완료 시간	10.5%
5위	문서 관리 효율성	6.1%

자소서 키워드: 신입, 인턴, 경영지원/총무, 시간 단축

수기 서류 관리 방식 변경을 통한 구매요청 처리 속도 60% 향상

❶ 경쟁사를 동료 인턴으로 보고 현황을 조사했다. 조사 후 동일 시스템 내에 적용이 가능하다는 점을 발견했다.

❷ 전사 시스템 내에 적용시키기 위해 해결하고자 하는 포인트를 중점적으로 결재 서류를 세팅한 내용을 전달하고 있다.

❸ 목표했던 구매요청 처리 속도 결과물을 제시하여 경험을 일관되게 전달하고 있다.

공공기관의 경영팀에서 구매 요청을 담당했습니다. 당시 모든 부서는 수기 작성 파일 관리로 인해 구매 요청서 누락과 승인 지연 문제가 월 10건 이상 발생했습니다. 이로 인해 원하는 때에 구매가 이뤄지지 않고 평균 5일 이상 소요되어 내부 직원들의 불만이 높아졌습니다. ❶타 기관에 있는 인턴 10명에게 구매 요청 처리 방식을 조사했습니다. 조사를 통해 수기 관리 방식을 현재 기관에서 쓰는 전사 시스템으로 관리할 수 있다는 것을 알게 되었습니다.

가장 먼저, ❷전사 시스템 내에 구매 요청서를 제작했습니다. 구매 아이템을 유형별로 분류하고 구매 시점을 긴급·일반·반복 항목별로 선택하게했습니다. 또한 구매 아이템의 링크를 첨부하여 오류가 발생하지 않도록 했습니다. 변경된 시스템이 어렵지 않도록 요청 방식을 3단계 이내로 승인 절차를 단순화했습니다. 전사 반영 전, 내부 부서부터 시범적으로 사용해 보고 직원들의 피드백을 반영했습니다. ❸그 결과 구매 건수가 한 곳에 관리되고, 누락 건수가 사라지자 평균 구매 요청 처리 속도가 5일에서 2일 이내로 단축되었고 구매로 인한 경영지원팀에 대한 불만 빈도도 낮출 수 있었습니다.

8. PM/서비스기획/운영
3위 '월간 활성 사용자 수' KPI 적용 자소서 예시

PM KPI			
1위	고객 만족도 점수	20.8%
2위	주요 성능 지표	9.5%
3위	월간 활성 사용자 수	8.2%
4위	평균 처리 시간	7.8%
5위	사용자 이탈률	5.9%

자소서 키워드: 신입 / 인턴 / PM/서비스기획/운영 / 유저 증가

편집 도구 모바일 UX 개선을 통한 월간 활성 사용자 수 27% 증가

졸업 작품에서 콘텐츠 제작 UXUI 디자인을 맡으면서 유저들의 지속되는 MAU 개선을 진행한 경험이 있습니다. 당시 ❶1차 테스터 단에서 모바일 유저들은 직관적인 UX를 원했지만, 편집 과정에서 UI 가시성이 부족해 신규 사용자의 42%가 첫 콘텐츠 제작 중 이탈하는 문제가 있었습니다. 경쟁사 UX의 스크롤 뎁스, 이탈률에 대한 세션 데이터 2000건을 참고한 결과, ❷시각적 피드백이 즉각 제공되는 UI가 사용자 이탈률 감소에 효과적임을 알 수 있었습니다.

이에 ❸전체 편집 과정을 한눈에 볼 수 있도록 상태 바와 단계별 가이드 도입을 진행했습니다. 또한 가장 페인 포인트였던 편집 도구의 가시성을, 밝으면서 형광빛이 나는 색으로 변경하여 편집 도구를 재배치 했습니다. 이러한 1차 개선 후 사용자 테스트를 진행해 추가 최적화를 거쳤습니다. 유저들로부터 피드백을 적용하면서 콘텐츠 평균 제작 시간을 18분 줄이게 되면서 이탈률을 78% 이상 줄일 수 있었습니다. 마지막으로 서비스를 경험하고 이탈한 유저들이 다시 사용할 수 있도록 로그인 시 팝업을 통해 개선된 내용을 전달했습니다. ❹그 결과, 월간 활성 사용자 수(MAU)를 27% 증가시키는 성과에 기여할 수 있었습니다.

❶ 문제를 두괄식으로 규정했고 수치화도 명확하다.

❷ 문제 원인을 기술함으로써 이후 액션을 유추할 수 있도록 도와준다.

❸ 문제 해결을 위한 많은 행동 중에 왜 이 행동을 했는지 배경 설명의 연결성을 통해 알 수 있다.

❹ 문제를 해결한 결과 뿐만 아니라 추가적으로 발생하는 결과물을 수치화로 표현했다.

본 챕터의 사례들은 당사자의 사전 동의를 거쳐 가공된 내용을 기반으로 수록되었습니다.

9. 인사(HRD)/교육기획

4위 '교육 프로그램 이수율' KPI 적용 자소서 예시

인사 KPI			
1위	교육 만족도	23.8%
2위	교육 목표 달성률	14.3%
3위	교육 프로그램 참여율	9.5%
4위	교육 프로그램 이수율	9.5%
5위	교육 효과 지속성	5.1%

자소서 키워드: 경력 / 정규입사경험 / 인사(HRD)/교육기획 / 이수율 증가

맞춤형 학습 옵션 제공으로
교육 이수율 98% 달성

❶ 정량적 데이터와 함께 정성적 고객 소리를 함께 조사하여 문제 원인을 다각도로 분석했다.

❷ 단순히 커리큘럼을 기획했다는 포괄적인 내용 대신 커리큘럼의 구체적인 내용을 작성했다.

임직원들의 역량 강화를 위해 교육 프로그램을 운영했으나, 이수율이 50% 미만으로 유지되는 문제가 있었습니다. ❶최근 6개월간 400명의 데이터를 분석한 결과 업무 일정과의 충돌 및 교육 필요성에 대한 인식 부족이 주요 원인이었습니다. 이에 타사 교육 운영 방식을 조사하였고 유연한 일정 조정 및 피드백 시스템을 도입한 기업들의 이수율이 높다는 점을 확인했습니다.

❷조사내용을 토대로 교육 일정을 유연하게 조정하여 주중·주말·온라인 3가지 맞춤형 학습 옵션을 제공하고, 교육 진척도를 실시간으로 확인할 수 있는 모니터링 시스템을 구축했습니다. 또한, 이수율이 저조한 직원에게 1:1 맞춤형 피드백과 동기 부여 프로그램을 운영하고, 주 1회 진행하던 교육 진척도 점검을 주 2회로 확대하여 지속적인 관리 체계를 마련했습니다. 그 결과, 사내 필수 교육 미이수 인원이 86% 감소하며 교육 이수율을 98%까지 끌어올릴 수 있었습니다. 교육 후 만족도 조사에서도 88%가 운영 방식에 만족했다고 응답하였으며, 내부 팀에 맞춤형 일정 확정 프로세스를 공유하여 교육 운영 방식의 표준화를 도모했습니다.

10. 브랜드마케팅
2위 '새로운 고객 획득률' KPI 적용 자소서 예시

브랜드 KPI			
1위	브랜드 인지도 증가율	11.6%
2위	새로운 고객 획득률	11.1%
3위	캠페인 전환율 향상	9.7%
4위	신규 고객 확보율	7.1%
5위	브랜드 인지도 상승률	6.1%

자소서 키워드: (신입) (동아리/대외활동) (브랜드마케팅) (유입획득)

공감형 콘텐츠 기획으로
신규 방문자 4.8배 증가

대학생 독자들에게 유익한 콘텐츠를 제공하기 위해 블로그를 운영했으나, 기존 보도 형식의 기사 콘텐츠는 주요 타깃층의 관심을 끌지 못했고, 최근 게시글 조회 수가 저조했습니다. 이에 기존 TOP 10 콘텐츠와 대학생 타깃 대형 블로그 3곳을 조사했습니다. 그 결과, "수강 신청 팁", "학교 주변 맛집 소개"와 같은 콘텐츠가 평균 대비 15배 높은 조회 수와 SNS를 활용한 소통형 콘텐츠가 유입 증가에 효과적이라는 점을 발견했습니다.

❶이에 기존 보도 형식 콘텐츠에서 실용적인 공감형 콘텐츠로 방향을 전환하고, 개강·중간고사·기말고사·축제 등 시즌별 대학생 라이프 스타일을 반영한 콘텐츠를 제작했습니다. 또한, 교환학생·취업 후기·대학생 인터뷰와 같은 후기형 콘텐츠를 업로드하여 유입 키워드를 강화했습니다. 더불어 SNS 및 커뮤니티 확산을 고려해 제목과 썸네일 디자인을 최적화하여 가시성을 높였습니다. ❷그 결과, 신규 방문자가 4.8배 증가하고 블로그 월 평균 조회 수가 3배 상승했으며, 이는 플랫폼 매출 증대로도 이어졌습니다.

❶ 문제를 두괄식으로 규정했고 수치화도 명확하다.

❷ 문제 원인을 기술함으로써 이후 액션을 유추할 수 있도록 도와준다.

본 챕터의 사례들은 당사자의 사전 동의를 거쳐 가공된 내용을 기반으로 수록되었습니다.

경험 리스트업 FAQ

Q. KPI는 직무만 기준으로 조사해야 하나요? 아니면 산업·분야까지 세분화해서 조사해야 하나요?

A. 가장 먼저 직무를 우선순위를 두고 매칭을 해보자. 산업까지 세분화할 경우 경험 매칭이 되지 않을 확률이 높아진다. 직무를 우선순위로 먼저 진행하되 참고용으로 산업, 분야에 대해서 조사를 진행한다면 관련 직무에 대해 이해도를 높일 수 있다.

Q. AI로 뽑은 KPI와 내 경험에서 뽑은 KPI가 다른데 일치하지 않아도 되나요?

A. AI를 통해 발견한 KPI는 참고용으로 활용하되, KPI의 기준을 측정 가능하고 해당 직무만이 할 수 있는 고유 지표인가를 살펴보는 것이 좋다.
예를 들어 AI가 품질관리 직무에 대해 그럴싸한 리스트로 협업, 의사소통 능력을 KPI 리스트로 제안한 경우 이는 성과 측정을 위한 KPI 지표로 보기는 어렵다. 협업, 의사소통 능력은 모든 직무에 요구되는 내용이기에 이를 성과로 측정하기 위해 무엇을 규정할 것인가부터 정리를 하는 것이 필요하다.
따라서 불량률 감소와 같이 측정 가능하면서 구체적인 결과물에 대한 지표를 기준으로 경험을 매칭해보는 것이 좋다.

Q. 한 가지 경험에 여러가지 KPI를 매칭하고 싶어요.

A. 경쟁력 있는 경험일수록 동시에 여러 KPI를 매칭할 수 있다. 그러나 경험 하나에 여러가지 성과를 전달할 경우 오히려 전달력이 떨어질 가능성이 높다. 먼저 한 개의 KPI에 집중해서 작성해보자.

Q. 그럼에도 한 가지 경험 속에 강조하고 싶은 성과가 여러 개일 땐 어떻게 하나요?

A. 한가지 결과물에 집중하는 것이 가장 좋지만 그럼에도 강조하고 싶다면, 경험 리스트업 단계로 돌아가 결과물 별로 경험을 분리하여 다른 KPI를 매칭해 보자. 예를 들어 하나의 인턴 경험에서 방문율을 높인 경험, 고객을 만족시킨 경험, 시간을 단축한 경험 등 여러가지 경험이 나온다면 각각의 경험마다 결과물 중심으로 KPI를 매칭하여 구분해보자.

Q. 성과가 명확하지 않거나 수치화가 어려운 경험도 필살기가 될 수 있나요?

A. 아쉽지만 성과가 명확하지 않거나 수치화가 어려운 경험은 밑살기로 분류하여 지원 동기나 인성관련 자소서나 면접에서 활용해보는 것을 추천한다. 필살기란 유사경험이면서 성공 경험이 있는 경험으로 직무 준비도를 가장 잘 보여줄 수 있는 경험이어야 한다. 따라서 최대한 기억을 끌어올려 대략적인 숫자도 괜찮으니 숫자를 찾아서 결과물을 정리해보는 것이 좋다.

경험 리스트업이 끝나면 여러분은 이제 자신만의 강력한 필살기 포트폴리오를 갖추게 된다. 각 경험을 어디에 쓸지 명확하게 알게 되고, 자신 있게 면접에서 말할 수 있는 소재로 활용할 수 있게 될 것이다. 요리로 치면, 최고의 재료를 엄선해서 레시피대로 요리를 하였고, 이제 남은 것은 먹기 좋게 꺼내고 데코를 추가하는 플레이팅 단계라고 보면 된다. 취업과 이직 준비의 절반 이상은 끝났다. 정말 수고했고 잘했다. 이제 다음 단계인 경험을 분해하고, 구조화/수치화 하는 단계로 넘어가보자.

Chapter 3
경험 분해하기

경험의 재해석 : 3C4P

우리는 이제 3C4P라는 프레임을 사용하여 경험을 분해하는데 도전할 것이다. 3C4P란 간단히 말해 기업(Company), 고객(Customer), 경쟁사(Competitor)라는 세 가지 관점에서 경험의 배경을 명확히 하고 **(3C)**, 내가 실제로 한 행동과 그 결과**(4P)**를 논리적으로 정리하는 방법이다. 즉, 경험을 체계적으로 분해하여 자소서에 쉽게 적용하도록 돕는 프레임이다.

대부분의 취준생들이 목표 지향적으로 살지 않았기 때문에 자소서에 수치화 해서 두괄식으로 제시할 성공 경험이 뚜렷하지 않다. 3C4P 프레임을 사용하자. 여러분의 경험을 기업에서 원하는 정보, 수치화 된 표현, 객관적인 요소, 두괄식 표현을 통해 재해석할 수 있도록 돕는 도구로 제안한다. 자소서 작성을 돕는 다양한 프레임들이 있지만, 3C4P는 이미 검증된 프레임이다. 이는 컨설턴트들이 쓰는 프레임이기 때문이다. 컨설턴트들은 자신의 의견을 가장 핵심적으로 요약하여 정보를 누락과 중복이 없이 일목요연하게 정리해서 두괄식으로 제안하는데 최적화된 비즈니스맨들이다. 이런 사람들이 쓰는 프레임이라면 배울 필요가 있지 않을까?

3C4P 작성 원칙

경험의 초점을 맞춰라

여러분은 하나의 경험으로 다양한 역량을 모두 보여주고 싶어 한다. 하지만 자소서에서 가장 중요한 건 '명확한 초점'이다. 하나의 경험에는 하나의 주요 결과와 그 결과를 만든 핵심 행동, 그리고 그 행동을 가능하게 한 가장 중요한 역량이 무엇인지 정확히 정의하라. 자소서를 처음 쓸 때에 하고 싶은 말이 너무 많다. 나는 이 경험을 통해, 분석력도, 의사소통 능력도, 문제해결 능력도, 실행력도 다 어필하고 싶다. 3C4P 프레임에 본인이 한 내용을 잔뜩 쏟는다. 그런데 자소서에 옮기는 과정에서 멘붕이 온다. "3C4P까지는 썼는데, 자소서로 옮기려고 하니까 못하겠어요!"

자소서를 평가하는 사람은 500~1,000자 내에서 지원자가 어떤 역량을 가진 사람인지 평가하고 싶다. 면접관도 제한된 시간 이내에 지원자가 뽑을만한 사람인지 평가하고 싶다. 그 이상은 궁금하지도, 원하지도 않는다. 내가 많은 이야기를 뿌려 놓을수록 평가자들과 면접관들에게 많은 공격거리들을 제공할 뿐이다.

그래서 여러분들도 3C4P 프레임을 통해서 초점을 잡는 훈련을 해보길 추천한다. 이 경험의 결과는 'A'이었고, 'A'를 가능하게 한 나의 핵심적인 행동은 'B'이다. 'B'라는 행동을 할 수 있었던, 내가 강조하고 싶은 역량은 'C'이다. 이렇게 초점을 맞춘 후에, 배경을 정리한다. 배경은 이 행동과 결과에 의미를 부여한다. '이 고객의 이러한 니즈가 있었기 때문에 이런 행동이 의미 있었어요.', '우리 회사에 이런 문제 상황이 있었기 때문에 이것을 해결하기 위해 한 거예요.' 등 결과물 중심으로 문제와 해결 액션이 전개되면 면접관의 생각대로 나의 경험을 전달할 수 있게 된다.

이공계 학생 중엔 "저는 그냥 교수님이 시킨 대로 연구만 했는데요."라는 말을 자주 한다. 여기서 중요한 포인트가 나온다. 연구를 시작할 때부터 왜 이 연구를 하는지, 연구의 목적은 무엇인지, 그 목적을 이루기 위해 내가 어떤 역할을 해야 하는지를 명확히 하는 습관을 가져야 한다. 하지만 이미 지나간 경험이라 해도 걱정하지 말자. 3C4P 프레임으로 내 경험을 다시 바라보면, 내가 당시 알지 못했던 의미를 쉽게 발견할 수 있다.

그래서 3C4P를 통해, 그냥 '시켜서 했어요.' 가 아니라, '어떤 목표를 달성하기 위해서 내가 이러한 기여를 했다'는 관점으로 나의 경험을 재해석해 보자. '이러한 연구의 목표가 있었고, 내가 이러한 기여를 해서 그 목표를 달성할 수 있었다. 또한 그 연구가 이런 산업 분야에 이렇게 적용될 수 있었다, 혹은 이런 저명한 학술지에 게재되었다.'와 같이 내 경험을 좀 더 잘 표현해 보자.

수식어를 수치화, 결과물로 대체하라

"나는 이렇게 의미 있는 경험을 했는데, 왜 글로 쓰면 이렇게 초라하죠?"라는 말을 많이 한다. 그래서 더 의미 있게 보이도록 다양한 수식어를 쓰게 된다. 하지만 자소서를 읽는 평가자 입장에서 수식어는 '생략'하고 읽게 된다. 근거가 없기 때문이다. '꼼꼼히', '열심히', '최선을 다해'와 같은 수식어는 평가자에게 아무런 인상을 주지 못한다. 이를 대신할 수 있는 것이 바로 구체적인 숫자다. 예를 들어 '논문을 꼼꼼히 분석했습니다.'대신, 8개의 논문을 일주일간 분석했습니다.'라고 구체적으로 수치를 제시하는 순간, 당신의 행동은 신뢰할 만한 성과로 바뀐다.

특히 3C4P 프레임을 통해 소제목을 작성할 때에는 수치화된 결과물로 표현하는 연습을 하자. 3C4P를 정리하다 보면 내 경험의 최종 결과물이 무엇인지 분명해진다. 또한 이를 가능하게 한 핵심 액션이 무엇인지도 정리가 된다. 이를 기반으로 How+Result의 형태로 소제목을 제시하자. 그렇다고 무조건 비유적인 표현을 쓰지 말라는 게 아니다.

비유적인 표현을 쓰더라도 명확한 결과물과 함께 글의 전체 내용을 유추할 수 있는 소제목을 작성하라.

예를 들어, 고객에게 오징어 상품을 추천하여 매출을 20% 상승시킨 사례가 있다고 가정하자. 소제목을 ["네, 오징어 있습니다." 한마디로 매출 20%상승]이라고 하면, 재치 있는 표현과 함께 명확한 결과물을 제시하여 흥미를 유발하는 효과가 있다.

논리 구조를 탄탄하게 하라

자소서에서 중요한 것은 '이 경험을 왜 했는가?', '어떻게 해결했는가?', '그 결과가 어땠는가?'라는 세 가지 질문에 논리적으로 답하는 것이다. 논리의 흐름이 끊기거나 비약하면 평가자의 의심을 받을 수 있다. 따라서 3C4P를 활용해, 배경부터 결과까지 흐름이 명확하게 이어지도록 점검하는 것이 중요하다.

예를 들어서, '저는 3D 프린팅을 통해 설계 속도를 3개월에서 1개 월로 단축시킨 경험이 있습니다.'라는 필살기를 제시했다. 이에 대해 고객(Customer) 관점에서는 '고객사가 마케팅 문제로 출시를 앞당기고 싶어 해서 설계를 1개월 안에 해줄 수 있는 기업을 찾고 있었다.' 라는 배경을 제시할 수 있다. 또한, 자사(Company) 관점에서는 '3D 프린팅 기술을 막 도입해서 테스트를 해보던 상황이었다.' 라는 배경을 들 수 있다. 이런 식으로 3C 분석을 통해 배경을 적어주면, 고객의 입장에서 그 결과물이 왜 의미 있었는지, 자사의 상황에 비추어 왜 그 행동을 해야 했는지 등에 대한 논리적인 근거를 제시할 수 있게 된다.

또한 내가 말하는 액션의 흐름이 논리적으로 이어지는지 점검해야 한다. 예를 들어 '저는 기계를 7가지 항목으로 나누어 분석한 결과, 문제를 해결할 수 있었습니다.'라고 하면, 어떻게 그렇게 된 건지 논리적인 비약이 생길 수 있다. '저는 기계를 7가지 항목으로 나누어 분석했고, 문제가 발생할 수 있는 지점 2개를 발견했습니다. 이 2개의 지점에 대해 각각 테스트를 해본 결과, 00이라는 부품에 오류가 있었음을 발견했습니다. 이 부품을 교체하여 문제를 해결했습니다.' 이렇게 문제 해결의 단계를 논리적으로 이해할 수 있게 제시하는 것이 좋다.

이를 위해서 4P 분석을 잘 활용해야 한다. 이공계의 경우, 문제의 지점을 발견하기까지의 단계를 Place에 작성하고, 문제를 해결할 수 있었던 결정적인 액션을 Price에 작성한다.

이런 식으로 논리적으로 놓칠 수 있는 부분을 3C4P 프레임을 통해 점검하고 보완해 보자.

불필요한 내용은 과감하게 제거하라

때로는 너무 솔직하게 모든 걸 적으려는 사람들이 있다. 하지만 굳이 자신의 약점을 드러내거나 설명이 너무 길면 평가자에게는 오히려 부정적 인상만 준다. 항상 내가 잘한 행동과 명확한 결과에만 초점을 맞추자. 평가자는 그것만 원한다.

자신감을 갖자. 내가 달성해낸 목표에 집중하자. '저는 공기업에서 인턴을 하던 당시에, 고객을 창구로 안내하는 업무를 하면서 대기 시간을 40% 단축시킨 경험이 있습니다.' 이렇게 내가 달성해낸 목표에 집중하여 그 근거를 제시하기에도 500자는 짧고, 면접에서 답변할 기회는 부족하다. 나의 강점, 내가 달성한 결과물에 집중하라.

TMT(Too Much Talker)의 경우가 있다. 배경을 적을 때는 고객의 니즈, 우리 팀의 목표, 시장의 상황에 집중하여 그것을 뒷받침하는 내용만 적으면 된다.

예를 들어, 기업에서 SNS 마케팅을 통해 팔로워를 늘린 경험을 제시하는데, 자사(Company)의 상황에 '마케팅을 잘해도 상품 자체가 경쟁력이 없어서 매출 향상이 어려움'이라고 본인이 해결하지 못한 내용을 적는 경우가 있다. 혹은, 경쟁사(Competitor) 항목에 '우리가 아무리 100→2,000으로 팔로워가 늘었어도 경쟁사는 원래 4,000이 넘어서 경쟁이 안됨'이라고 적어서, 본인의 결과물의 가치를 훼손시키는 사례도 있었다. 굳이 안 해도 되는 말을 하는 것이다. 물론, 논리적으로 의심이 될 만한 부분은 면접 때 미리 답변을 준비해 놓을 필요가 있겠지만, 내가 먼저 그런 내용을 얘기할 필요는 없다. 내가 달성한 목표와 그 근거가 되는 배경, 결과물을 의미 있게 만들어주는 배경을 제시하는 데 집중하라.

3C4P 한판 정리

1 How + Result : p135

3C	**Customer** (고객)	**2** 혜택을 받는 대상	p106
		3 대상이 필요로 한 것	p107
	Company (자사)	**4** 내가 속했던 곳/나의 역할	p110
		5 본인(팀)의 목표	p110
		6 본인(팀)의 문제 혹은 기회 상황	p110
	Competitor (경쟁사)	**7** 조사 대상	p112
		8 조사 내용	p112
4P	**Product** (상품)	**9** 결과	p118
		10 결과의 의미	p119
	Place (위치)	**11** 문제해결을 위한 행동 - 구체적인 문제 해결 행동 - 데이터 분석 기반 적용 액션 - 의사소통과 협력 강화 액션	p120
	Price (가격)	**12** 생산성을 높인 행동 - 비용 절감 - 업무시간 단축 - 자원과 인력 효율화	p123
	Promotion (마케팅)	**13** 소통과 설득을 위한 행동 - 고객 행동 유도 액션 - 정보 시각화 액션 - 고객 및 관계자 참여 독려 및 지속적 소통 액션	p126

> ### 핵심 Point!
>
> 3C4P는 읽고 싶은 글, 합격하는 자소서를 만드는 첫 단추이다. 나의 경험을 비즈니스 관점, 읽는 사람 관점에서 재해석 해보자.

Chapter 3
배경 작성 가이드

3C - Why

자소서와 면접의 맥락은 What - Why - How로 구성된다. 여기에서 3C 프레임은 Why에 해당한다. '무엇을 한 건 알겠는데, 도대체 왜 한 것인가?'에 대한 답변이다. 본질적 질문으로, 배경 설명에 해당한다.

일반적으로 사람들은 배경을 먼저 설명하려고 한다. 그래서 우리도 3C 프레임을 사용하여 배경부터 정리해 보자. 그런데 실제 자소서를 작성할 때는 What - Why - How의 순서로 재배열 해야 한다. 그래야 두괄식 답변이다.

Customer

고객이란 이 경험을 통해 만족시키고 싶은 대상이다. 당시 고객의 니즈가 무엇이었고, 그들이 당신에게 이 프로젝트와 과제를 준 이유를 기술해 보자. 1~3줄 정도로 아주 짧게 작성하면 된다. 고객이 누구이고 그들의 니즈가 무엇이었는가, 이게 핵심이다.

보통 고객을 적으라고 하면 고객이 없었다고 말하는 경우가 많다. 교수님이 시켜서 했거나, 그냥 단순 아르바이트였는데 고객이 없다고 말할 수 있다. 이렇게만 생각하면 일을 하는 이유나 결과물에 대해서 정리하는 게 불가능하다는 결론에 다다른다. 고객이 없는 일은 무가치한 일이고 해서는 안 되는 일이다. 고객을 규정하는 능력이야 말로 AI시대에 가장 중요한 역량이므로, 아래 가이드라인을 참고하여 내가 당시 그 일을 왜 했는지, 고객은 누구이고 그들의 니즈는 무엇이었는지 다시 돌아보기 바란다.

고객은 크게 3가지 분류로 나눌 수 있다.

❶ 1차 고객: 최종 소비자 (End user)

B2B 영업을 했더라도, 내가 영업한 고객사의 최종 소비자를 분류하고 찾아보자. 예를 들어, 자동차 부품 회사에서 현대자동차에 납품하는 역할을 했다면, 1차 고객은 기업 담당자가 아니라 현대자동차를 구매하는 최종 소비자로 규정해야 한다. 그래야 현대자동차와 같은 관점을 가지고, 같은 기술 개발을 하는 역할을 한 것이라고 의미 부여할 수 있다.

❷ 2차 고객: 협력 대상 (Partner)

1차 고객을 만족시키기 위해 협력해야 할 모든 대상이 여기에 해당된다. 다른 부서, 팀, 상위 조직, 심지어 상사까지 2차 고객으로 봐야 한다. 직접적으로 고객을 대면하는 업무나 경험을 한 것이 아니라면, 대부분의 경우 2차 고객이 중요하다. 다만, 2차 고객을 규정하지 않고 그냥 일부분만 강조하면서 고객이 없다고 생각하게 된 것이다. 교수님이 역시 2차 고객이라고 분류해야 하는데, 교수님이 어떤 연구를 지시했다면 그의 고객이 누구인지 생각해야 한다. 그게 1차 고객과 2차 고객을 구분하는 개념이다. 더 확장적인 관점으로 내 업무와 역할, 결과물을 규정하기 위한 기준이라고 할 수 있다.

❸ 3차 고객: 내가 이끌어야 할 팀원들 (Follower)

경력이 있거나 리더십 역할을 한 사람이라면, 부하 직원들을 고객으로 인식하는 게 중요하다. 아무리 회사의 목표에 대해서 고객 관점으로 이해했다 하더라도, 팀원들이 따라주지 않으면 원활한 실행을 할 수가 없다. 팀원들을 고객으로 인식하고 그들의 어려움도 해결해 주는 것이 리더십이다. 3차 고객은 리더십의 역할에서 필요하고, 팀원으로 활동한 경험이라면 굳이 분류하지 않아도 된다.

다음 예시를 참고해서 나의 경험에는 어떤 고객이 있었는지 분류해 보자.

Customer 실제 작성 예시

구분	Customer	설명
인문계 (p.148)	고객 1차 고객: 2030 자취생 2차 고객: 식품 납품 업체 고객 니즈 1차 고객: 하교, 퇴근 시간에 맞있게 간단히 먹을 수 있는 식품 2차 고객: 회사 식품이 많이 유통되는 것	내가 판매할 제품의 주요 대상을 1차 고객으로 규정했다. 직접 판매해 본 경험이 있다면 판매할 제품을 구매하는 소비자를 1차 고객으로 규정하는 것이 가장 쉽다.
이공계 (p.160)	고객 1차 고객: 빵 소비자 2차 고객: 식품 연구소 및 품질관리팀 고객 니즈 1차 고객: 더욱 부드러운 제빵 제품 소비 기대 2차 고객: 식감 개선을 위한 연구 데이터를 확보하여 제품 품질 향상	직접 B2C 고객을 만난 경험은 아니지만, 같이 연구하는 연구소를 2차 고객으로 규정하고 연구소의 최종 고객을 소비자로 규정한 케이스이다.
공기업 (p.180)	고객 1차 고객: 지역 복지관 서비스를 이용하는 취약계층 주민(어르신, 한부모 가정 등) 2차 고객: 복지관 운영진 및 지자체 복지행정팀 고객 니즈 1차 고객: 필요한 복지 서비스를 놓치지 않고 적시에 지원받을 수 있는 접근성 높은 안내 2차 고객: 예산 대비 최대한 많은 주민에게 서비스를 제공해 복지관 운영성과를 향상	복지관 서비스를 운영한 경험에서 수혜 대상이 될 사람들을 1차 고객으로 분류하고, 이를 돕는 협력대상으로 소속되었던 행정팀을 2차 고객으로 설정했다.

> **AI 프롬프트 가이드라인 : 내 경험의 고객 유형 찾기**
>
> 나는 학교에서 행정실에서 교내 근로를 했던 경험이 있는데 이때 내 경험에서 발견할 수 있는 고객 예시의 유형들을 참고해서 고객 유형 5개를 개조식으로 전달해 줘.
> (고객 예시 유형 : 실제 고객(경험의 최종 수혜자), 협업 부서, 협력업체, 정부/기관, 상사, B2B 고객사, 발주처, 다른 팀, 회사 전체 등)

Company

Company 항목에는 당시 나의 상황 또는 조직의 상황이 어땠는지 적어보자. 3C는 경험의 배경을 작성하는 것이기 때문에, 핵심적으로 포함되어야 할 요소들이 간단하게 정리되어야 한다. 이 부분은 자소서뿐만 아니라 면접에서도 당시 상황을 설명하기 위해 필요한 부분이고, 나의 액션과 결과물을 논리적으로 설명해 주는 빌드업이다.

대부분 경험한 당시 상황을 적는 것이라 어렵지 않지만, 문제/원인/기회 상황을 적는 부분에서는 생각해야 할 포인트가 있다. 다음 내용을 참고하여 경험할 당시를 조금 더 입체적으로 분석해 보도록 하자.

❶ 명확한 목표 달성을 어렵게 만드는 외부적 요인
- 경쟁 업체 등장, 시장 조건 변화로 인한 성과 부진 등 목표 달성을 어렵게 만드는 외부적 요인이 존재
- 예시: 주변 편의점 경쟁 증가로 인한 매출 부진, 물가 상승 등 외부적 환경 변화로 인한 예산 초과 위험

❷ 업무 프로세스 비효율 및 운영 문제로 인한 내부적 요인
- 내부 프로세스나 업무 운영 방식에 문제가 있어 성과가 저하되거나 업무 효율성 저하가 발생
- 예시: 재고 관리 프로세스 부재로 인한 비용 증가, 특정 제품 불량률 증가로 인한 생산 지연 및 손실 증가

❸ 고객이나 참여자의 불편 및 불만족 이슈

- 고객 또는 프로그램 참여자의 불편이나 불만족으로 인한 참여율 저하, 고객 이탈 등 문제 상황 발생
- 예시: 프로그램 참여자의 장거리 이동으로 인한 참여 저조, 이용자의 높은 불만족으로 인한 참여율 감소 등

중요한 포인트는 상황 자체가 아닌, 주어진 도전 과제와 어떤 문제를 해결했는지에 집중하여 기술하는 것이다. 여기에는 조직의 큰 그림과 최종 목표가 포함되어야 한다. 즉, 내가 조직의 목표에 기여하고 공헌한 것은 무엇인가를 적는 것이다.

> **✦ AI 프롬프트 가이드라인 : 내 경험의 자사 요소 찾기**
>
> 나는 학교에서 행정실에서 교내근로를 했던 경험이 있는데 사무 행정 직무 관점에서 직무 KPI를 달성하기 위한 목표와 목표에서 마주하는 문제, 원인과 활용할 수 있는 기회 상황에 대해 추천해 줘.
> 이때 기회란 문제 해결이나 KPI 달성에 도움이 될 수 있는 외부 환경적 가능성을 뜻해

Competitor

Competitor는 비교 대상을 찾아서 내 경험의 초점을 잡아주는 항목이다. 경험에 따라 실제 경쟁자에 대한 분석이 될 수도 있고, 단순 조사나 논문 분석과 같이 앞서 이 경험을 한 사례를 조사하여 분석한 내용도 해당된다. 이 항목을 작성할 때 어려움을 느끼는 대부분의 경우가 여기서 너무 경쟁자라는 단어에 함몰되는 것인데 그렇지 않기를 바란다. 비교 대상을 찾는 게 중요하지 진짜 경쟁자가 있었는가는 중요하지 않다. 어제의 나도 경쟁자가 될 수 있고, 비슷한 일을 했던 선배나 이전 경험자도 경쟁자로 분류할 수 있다. 적용적 의미로 정리하는 것이 핵심이다. 아래 내용을 토대로 Competitor에 해당하는 내용을 찾아보자.

❶ 타사를 조사한 경우

- **인문계**
    - 조사 대상: 근처 샌드위치 매장 5곳 방문
    - 조사한 내용: 테이크아웃을 활성화한 매장은 주문 즉시 픽업할 수 있는 메뉴를 별도로 운영하여 점심시간 매출을 극대화하고 있음.

- **이공계**
    - 조사 대상: 배터리 제조업체 3곳의 전극 코팅 방식 비교
    - 조사한 내용: 전극 코팅 공정에서 최적의 건조 조건은 속도 0.5~1.5 m/min, 온도 80~130℃(1차: 80~100℃, 2차: 110~130℃)로 도출됨.

- **공기업/공공기관**
    - 조사 대상: 동일 규모의 기관 민원 응대 운영 과정 비교
    - 조사한 내용: 문의 감소를 위해서는 홈페이지 및 온라인 플랫폼에서 자주 묻는 질문(FAQ) 기능 활용이 필요

❷ 나보다 앞선 대상을 조사한 경우

- **인문계**
    - 조사 대상: 대규모 동아리를 운영 중인 3곳과 미팅 진행
    - 조사한 내용: 포지션별 역할 설명을 명확히 정리하여 지원자의 이해도를 높이는 것이 중요

- **이공계**
    - 조사 대상: 높은 투과율을 유지하면서 생산 원가를 낮출 수 있는 박막 소재 연구 논문 5편 분석
    - 조사한 내용: 건조 과정에서 응력 축적을 방지하는 것이 미세 크랙 발생을 줄이는 핵심 요인

- **공기업/공공기관**
    - 조사 대상: 옆 부서의 문서 스캐너 관리 방식 조사
    - 조사한 내용: 모든 기기를 교체하는 것이 아닌, 유지 보수가 가능한 장비별로 우선순위를 정하고 관리를 진행한다는 것을 발견

❸ 이전의 내가 한 액션을 조사한 경우

- **인문계**
  - 조사 대상: 지난 6개월간 주요 고객 및 협력업체 30곳의 결제 및 지급 패턴 분석
  - 조사한 내용: 고객이 결제하는 주요 서비스 및 월별 정산 패턴이 여러 개가 있을 수 있음, 승인 단계 축소 및 자동화 도입이 필요함.

- **이공계**
  - 조사 대상: 기존 협업 플랫폼의 오류 발생률 분석 (버그 리포트 수 기준)
  - 조사한 내용: 협업 특성상 변동 사항이 발생하기에 변경 사항을 즉시 저장하고 복구할 수 있는 데이터베이스 사용이 필요함을 발견

- **공기업/공공기관**
  - 조사 대상: 내부 평가 규정 검토
  - 조사한 내용: 신청자가 가장 많이 제출하는 평가 기준이 기관 및 부서마다 다르기에 규정을 학생들이 원하는 인증 수준에 맞게 개편하는 것이 필요하다는 것을 발견함.

> **✦ AI 프롬프트 가이드라인 : 내 경험의 경쟁사 찾기**
>
> 나는 학교에서 행정실에서 교내 근로로 문서 누락 문제를 해결했던 경험이 있는데, 사무 행정 직무 관점에서 문제해결을 위해 참고할 수 있는 조사 대상과 거기서 문제해결을 위해 발견할 수 있는 인사이트에 대해 추천해 줘.

Chapter 3
액션 작성 가이드

지금부터 본격적으로 필살기 경험을 최종적으로 완성하는 단계다. 집중력을 발휘해서 여러분의 경험을 엣지 있게 정리하고 명확한 결과물을 만들어야 한다. 지금까지의 작업은 경험을 3C(Why: 배경과 문제 해결의 이유)로 분해한 것이었다. 이제는 경험을 4P로 한 번 더 분석하여 실제 자소서와 면접에서 바로 활용 가능한 형태로 정리할 것이다.

4P 프레임의 적용적 의미: 왜 경험을 4P로 분석해야 하는가?

4P는 원래 마케팅 전략을 수립할 때 사용하는 개념이지만, 이 책에서는 자소서와 면접을 준비하는 도구로 활용한다. 왜 마케팅의 개념을 경험 분석 도구로 쓰는지 궁금할 수 있다. 그 이유는 명확하다. 4P(제품, 가격, 장소, 홍보)는 경험을 명확한 행동(Action)과 구체적인 결과

(Result)로 표현할 수 있는 가장 효과적인 구조를 제공하기 때문이다.

4P는 경험을 자소서와 면접이라는 '비즈니스 커뮤니케이션'에 적합한 형태로 재구성하는 작업이다. 여러분이 가지고 있는 경험을 단순히 설명하는 것만으로는 설득력을 갖추기 어렵다. 대신 여러분의 경험을 '구체적 행동'과 '숫자로 나타난 성과'로 표현해야 한다. 그렇게 해야 평가자가 쉽게 이해하고, 여러분의 경험이 직무와 명확하게 연결되었음을 확신할 수 있다.

중요한 점은, 4P 프레임에서 각각의 항목을 완벽하게 정확하게 분류하는 것이 아니라, 여러분의 행동과 결과를 더욱 명확히 구체화하는 데 목적이 있다는 점이다. 따라서 어느 액션이 정확히 Price인지 Place인지 따지는 데 시간과 에너지를 낭비하지 말자. 중요한 것은 경험이 명확하고 중복 없이 정리되었는가 이며, 결과물(Product)이 뚜렷하게 드러났는가 이다.

4P 프레임의 구성: What과 How의 명확한 정리

앞서 경험을 분석할 때 3C가 '왜(Why)'를 정리하는 도구였다면, 4P는 내가 실제로 '무엇(What)'을 했고, '어떻게(How)' 했는지 명확히 정리하는 도구다. 여기서 '무엇(What)'은 최종 결과물(Product)을 나타내고, '어떻게(How)'는 문제 해결 행동(Place), 생산성 향상 행동(Price), 의사소통 행동(Promotion)을 의미한다.

다음의 표를 보면 더욱 쉽게 이해할 수 있다.

4P 항목	설명	질문 키워드
Product	결과물, 최종 성과	무엇을 달성했는가?
Place	문제 해결을 위한 구체적 행동	어떻게 문제를 해결했는가?
Price	생산성을 높인 구체적 행동	얼마나 효율을 높였는가?
Promotion	소통과 설득을 위한 행동	어떻게 알리고 설득했는가?

이제부터 각 항목을 좀 더 구체적으로 살펴보고, 명확히 여러분의 경험을 정리해 보자.

Product (결과물): 자소서의 핵심, 명확한 숫자와 성과

Product는 여러분 경험의 최종 결과를 의미한다. 결과물은 자소서 소제목과 1분 자기소개에서 한 줄로 요약되어야 할 만큼 명확해야 한다. 단순한 경험 나열이나 추상적인 표현은 평가자의 관심을 끌지 못한다. 반드시 명확한 숫자와 결과를 포함하여 작성해야 한다. 우리는 이미 경험 리스트업 단계에서 경험에 직무 KPI를 매칭시켰고, 결과물을 입력했기 때문에 그 내용을 그대로 적어주면 된다. 결과물은 직무 KPI라는 공식을 기억하자.

Product 실제 작성 예시

구분	Product	KPI	직무	설명
인문계 (p.149)	주력 시간대 객단가 10% 증가	객단가 상승률	영업관리	KPI와 직결과는 결과물인 매출 상승시킨 내용을 결과물로 작성했다.
이공계 (p.165)	450g 이하 경량화된 웨어러블 장치 기능 구현 100% 성공	기능 개선	연구개발	당시 진행하던 학교 연구 실험에서 성공한 내용을 결과물을 제시하고 있다.
공기업 (p.181)	수혜 대상자 목표 대비 2배 증가	서비스 접근성 향상	사무행정	공기업/공공기관에서는 사업 실적을 주로 목표로 잡는데 이와 연결시켜 수혜 대상자 증가한 것을 결과물로 매칭시켜 전달하고 있다.

Product를 작성할 때는 결과가 가지는 의미와 결과를 함께 나타내는 것이 중요하다. 단순히 수상, 좋은 성적(A+)을 결과라고 표현하지 말고, 그것을 얻기 위해 수행한 구체적 행동과 성과를 중심으로 작성해야 한다. 결과의 의미는, KPI로 설명할 수 있는 직접적인 내용이라기 보다는, 그 결과를 통해서 얻게 된 영향력 혹은 사이드 이펙트 같은 내용이라고 보면 된다. 예를 들어, 수업에서 A+를 받았다면 그것은 결과가 아니라 결과의 의미이다. 무엇을 해서, 좋은 결과물을 냈기 때문에 A+를 받게 되었다고 개념을 설정해야 한다. 학생으로서는 A+를 받은 것이 성과라고 할 수 있지만, 우리는 직무 관점으로 풀어내야 하기 때문에 그것 자체를 결과라고 볼 수는 없다. 공모전 수상, 입상과 같은 것들은 대부분 결과의 의미이다. 그 상을 타기 위해 무엇을 했는가 라는 관점으로 결과를 재정의해야 경험 분해가 직무 역량을 중심으로 초점을 잡을 수 있다.

결과의 의미 실제 작성 예시

구분	Product	결과의 의미	설명
인문계 (p.149)	주력 시간대 객단가 10% 증가	매장 관리 능력을 인정받아 점주에게 매니저 제안을 받음.	매출 상승에 기여한 액션을 인정받아 매니저 제안을 받은 내용을 결과물의 의미로 제시했다.
이공계 (p.165)	450g 이하 경량화된 웨어러블 장치 기능 구현 100% 성공	학기 내 성적 우수	장치 기능을 100% 구현한 결과물로 인해 좋은 학점을 받을 수 있었던 내용이 결과의 의미로 자연스럽게 이어진다.
공기업 (p.181)	수혜 대상자 목표 대비 2배 증가	상반기 최다 수혜 지급 기관으로 선정됨.	수혜자가 증가함에 따라 기관이 우수 기관으로 선정된 2차적인 결과를 결과의 의미로 전달했다.

Place (문제 해결 액션): 고객 중심의 액션을 구체화하라

자소서에서 평가자가 가장 중요하게 보는 것은 여러분이 실제로 문제를 해결하기 위해 취했던 구체적인 행동이다. Place는 바로 그런 행동과 액션을 작성하는 항목이다.

그런데 이 때 중요한 관점은 '고객 중심'이다. 여기서 고객은 꼭 제품이나 서비스를 사용하는 사람만을 의미하지 않는다. 3C 단계에서 1차 고객, 2차 고객으로 분류한 팀원, 상사, 혹은 타 부서 직원일 수도 있다. 즉, Place에서는 내가 고객으로 정의한 사람들의 문제를 해결해 주기 위해 어떤 행동을 했는지를 구체적으로 서술하는 것이 핵심이다.

일반적으로 Place에서 작성할 내용은 내가 이 경험에서 가장 공을 들였고, 성과를 내기 위해서 집중했던 행동과 일들이다. 그 행동을 통해 결국 문제가 해결 됐고 좋은 성과를 낸 것이기 때문이다.

가장 강조하고 싶은 문제 해결 액션을 떠올려 보자. 참고할 수 있게 다음과 같은 몇 가지 포인트를 제안한다.

❶ 구체적인 문제 해결 행동

- 고객이나 조직이 겪는 문제를 명확하게 정의하고, 해결하기 위한 구체적인 행동을 수행한 경우
- 예시: 메뉴 개선, 프로세스 간소화, 사업비 내역 재검토 등.

❷ 데이터 분석 기반 적용 액션

- 데이터를 수집하거나 테스트하여, 행동을 구체화하고 결과를 명확히 수치로 제시한 경우
- 예시: 고객 데이터 분석을 통한 상품 변경, 기기 온도 테스트를 통한 최적 온도 변경, 포스터 피드백을 통한 레이아웃 수정 등

❸ 의사소통과 협력 강화 액션

- 협업 체계를 구축하거나 적극적으로 커뮤니케이션 하여, 고객 및 구성원의 참여와 만족도를 높인 경우
- 예시: 협업 구축을 위한 공유 문서 도입, 누락 방지를 위한 체크리스트 개발, 프로세스 기준 재확립 등

Place 실제 작성 예시

구분	Place	설명
인문계 (p.153)	"5분 만에 나만의 금융 비서 만들기", "앱 설치만 해도 매일 커피 쿠폰이?"와 같은 카피로 CTA 10% 증가	공감이 되지 않는 키워드를 주요 고객들이 관심있어 할 만한 키워드로 변경해서 클릭률을 상승한 액션을 전달하고 있다.
이공계 (p.169)	요일·시간대 데이터를 이동평균법으로 처리하여 결측치 구간에서도 예측 안정성을 확보함.	예측 안정성을 확보하기 위한 액션으로 요일, 시간대 데이터를 처리하여 개선시킨 방법을 제시하고 있다.
공기업 (p.177)	신청 기간과 절차를 시각화한 포스터를 교내 주요 게시판과 홈페이지에 게시하여 이전 대비 게시글 조회수를 높임.	관심도가 낮은 원인을 포스터의 접근성으로 보고 게시 장소를 바꿔 참여도를 높인 액션으로 전달했다.

> **AI 프롬프트 가이드라인 : 내 경험의 Place 액션 찾기**
>
> 나는 학교 행정실에서 교내 근로 중 문서 누락 문제를 해결하기 위해서 타 부서의 행정 프로세스 사례를 조사해서 문서관리 절차 개선을 한 경험이 있는데, 사무 행정 직무 관점에서 문제 해결을 위한 구체적인 액션, 데이터 기반으로 해결한 액션, 협업이나 커뮤니케이션으로 해결 관련으로 액션 5가지를 개조식으로 추천해 줘.
> * 단, 조사/분석/발견 내용은 액션에서 추천하지 마.

Tip 1: 만약 내 경험에 비해 적용이 어려운 예시가 나온다면, '학생 수준에서 해볼 수 있는 액션으로 추천해 줘'와 같이 추가 요청을 해서 쉽게 적용해 볼 수 있는 예시를 전달받을 수 있다.

Tip 2: 여러 예시 중에서 내가 했던 내용과 조금 상이한 내용이 나온다면 당시 내가 했던 경험들을 2~3줄 정도 전달한 후, 해당 내용에서 문제를 해결하기 위한 액션 중심으로 다시 찾아달라고 요청해 보자.

Tip 3: AI 특성상 추상적인 액션을 추천해 주는 경우(ex. 영역별 책임을 명확히 했다), 구체적인 예시를 주고 해당 예시와 같은 추상적인 액션은 제외하고 다시 추천해 달라고 요청해 보자.

Price (가격/비용):
생산성을 높인 액션 (input 대비 output을 높인 것)

Price는 단순히 가격을 의미하는 것이 아니다. 앞에서 정리한 Place(문제 해결 요소)에 미처 설명하지 못한, 내가 일하는 과정에서 조금 더 쉽게, 편하게, 간단하게, 싸게, 빠르게 일한 생산성 증가 포인트를 설명하는 것이다. 생산성은 기업에서 매우 중요한 요소이고 우리가 흔히 스마트 워커라고 하는 개념도 대부분 생산성이 높은 사람을 뜻한다. Price를 잘 작성하면 나를 일을 잘하는 사람으로 표현하기에 매우 적합하다.

여러분의 경험에서 생산성을 증가시켰던 포인트를 찾아내서 설명해 보자. 보통은 비용 절감 뿐 아니라 시간 단축, 효율성 증대, 성능 개선의 효과를 낸 행동이 여기에 포함된다. 딱히 그런 내용이 없다고 생각할 수 있지만, 아래 참고 포인트를 보면 생각보다 쉽게 찾아낼 수 있을 것이다. 명심하자. 내가 일을 쉽고 빠르게 처리하기 위해 애썼던 액션을 찾아내면 된다.

❶ 비용 절감 (비용 효율화 액션)
- 운영비, 자재비, 마케팅비 등 기존 지출 항목을 분석하여 비용을 절감하거나 재활용한 경우
- 예시: 항목별 비용 분석(카페비, 배달비 등)으로 20% 절감, 온라인 채널을 활용한 무료 마케팅으로 비용 절감, 기존 재고 활용으로 구매비 절감

❷ 업무 시간 단축 (시간 효율화 액션)

- 업무 프로세스의 간소화, 업무 순서 재조정 등으로 기존 업무 시간을 감소시킨 경우
- 예시: 생산 준비 단계 조정으로 생산 시간 10% 추가 단축, 디지털 시스템 전환으로 업무 처리 시간 30% 단축, 파트 간 대기 시간 활용하여 30분 단축

❸ 자원과 인력 효율화 (자원 활용 극대화 액션)

- 기존 자원의 활용도를 높이거나, 장비·인력·기술 등을 효과적으로 활용해 업무의 효율성을 높인 경우
- 예시: 적재 공간 축소로 매대 활용도 10% 향상, 설계 변경으로 배터리 사용 시간 30% 증가, 업무 자동화 도구를 사용하여 1명의 담당자가 복수 업무를 처리하도록 인력 효율성 증가

Price 실제 작성 예시

구분	Price	설명
인문계 (p.157)	재구매 없이 기존 재고들을 활용하여 물품 구매 일정을 5일 단축	금액을 줄이기 위해 불필요한 지출을 제거했다.
이공계 (p.169)	기존 변수 클렌징 및 최소화로 모델 학습 시간 50% 단축	Product로 규정한 모델의 정확도를 높이는 것 외에 추가적으로 학습 시키는 시간을 단축 시킨 액션을 Price로 전달했다.
공기업 (p.181)	신청 누락으로 발생하던 예산 미집행 비율을 기존 20% → 5%로 감소 시켜 프로그램 운영 효율화 달성	미집행 비용을 발굴하여 활용한 액션으로 자원 활용 극대화를 시킨 내용으로 생산성 개선을 전달하고 있다.

> ✦ **AI 프롬프트 가이드라인 : 내 경험의 Price 액션 찾기**

나는 학교 행정실에서 교내근로 중 문서 누락 문제를 해결하기 위해서 문서관리 절차개선을 한 경험이 있는데, 사무 행정 직무 관점에서 비용 절감, 업무시간 단축, 자원 활용을 극대화한 내용이 골고루 포함된 생산성 개선 관련으로 액션 5가지를 개조식으로 추천해 줘.

* 각 액션은 내가 한 구체적인 행동과 그 행동으로 나타난 결과를 포함해 작성해 줘. 단, 핵심 업무집중, 효율성 향상과 같은 추상적 표현과 조사/분석/발견내용은 액션에서 추천하지 마. 단, 조사/분석/발견 내용은 액션에서 추천하지 마. 생산성은 비용을 절감하거나, 인력을 단축시키거나, 시간을 단축시키는 액션을 뜻해.

Tip 1: Place 검색 후 이어서 Price를 찾기 위한 프롬프트를 전달하는 것을 추천한다. Product 또는 Place와 동일한 내용이 나오는 경우 Product와 Place의 내용을 전달하여 해당 내용과 중복되는 내용은 제외하고 전달해달라고 요청해 보자.

Tip 2: 만약 내 경험에 비해 적용이 어려운 예시가 나온다면 '학생 수준에서 해볼 수 있는 액션으로 추천해 줘'와 같이 추가 요청을 한다면 한층 쉽게 적용해 볼 수 있는 예시로 전달해 줄 수 있다.

Tip 3: 비용 절감, 시간 단축, 자원 활용이라는 기준을 입력했는데도 특정 예시(ex. 시간 단축 예시만 5개 나오는 경우)만 나오는 경우 비용 절감, 시간 단축, 자원 활용 관점에서 골고루 구성해달라고 요청해 보도록 하자.

Promotion (의사소통, 협상): 상대방을 잘 설득한 액션

Promotion은 '어떻게 알리고 설득했는지'를 의미한다. 고객, 팀원 또는 관계자에게 어떻게 제안하고 설득했는지 간략히 정리하자. 문제를 해결하기 위해 매뉴얼 개발, 교육, 발표 자료를 작성한 사례 등이 해당된다. 고객에게 어떤 방법을 통해 표현하고 알렸는가 혹은 고객의 니즈를 어떻게 반영했는가에 대한 내용을 적어보자. 다음 포인트를 참고하여 작성한다면 조금 더 쉽게 찾아낼 수 있을 것이다.

❶ 고객 행동 유도 액션 (즉각적 구매/행동 촉진)
- 즉각적으로 고객의 구매나 행동을 유도하는 마케팅 방법을 적극적으로 사용
- 예시: 신규 메뉴 POP 제작, 계산 시 할인 아이템 구매 유도, 마감 전 리마인드 메시지 전송

❷ 정보 시각화 액션 (정보 전달력 강화)
- 보고서, PPT, 카드뉴스와 같은 시각화된 형태로 정보와 성과를 명확히 전달하여 설득력을 높임
- 예시: 예산 절감 성과 보고서 작성, 연구 진행 상황 발표, 마케팅 특장점 PPT 발표

❸ 고객 및 관계자 참여 독려 및 지속적 소통 액션 (관계 강화 및 적극적 소통)

- SNS를 활용하거나 현장 방문, 문자·알림톡 등 다양한 커뮤니케이션 수단을 적극적으로 활용해 참여와 관심을 지속적으로 유도
- 예시: 행사 참여 독려(강의실·부스 방문), SNS 후기 및 태그 이벤트 운영, 수혜자 대상 온라인 홍보 및 안내 문자 발송

Promotion 실제 작성 예시

구분	Promotion	설명
인문계 (p.149)	라면과 김밥 코너에 세트 메뉴 POP를 부착해 세트로 사게끔 유도함.	방문하는 손님마다 잘 보일 수 있게 POP를 붙인 액션을 작성했다.
이공계 (p.165)	기존 의자형 허리 마사지기와 비교한 설계 방식과 소재 사용 특징을 정리하여 시연 진행	개발한 기능이 잘 전달될 수 있도록 설계 방식과 소재의 특징을 시연한 내용을 프로모션으로 전달했다.
공기업 (p.181)	오시는 어르신들마다 "어르신 5분만 내주세요!"라고 말씀드려서 사업 신청 안내를 신청 기간 10일 동안 알림	직접 소통이 더 효과적인 대상인 어르신들에게 멘트를 통해 정보를 전달해 관심도를 높이고 있다.

> **✨ AI 프롬프트 가이드라인 : 내 경험의 Promotion 액션 찾기**
>
> 나는 학교 행정실에서 교내근로 중 문서 누락 문제를 해결하기 위해서 타 부서의 행정 프로세스 사례를 조사해서 문서관리 절차개선을 한 경험이 있는데, 사무 행정 직무 관점에서 고객 행동을 유도하거나, 정보 시각화하거나, 고객 및 관계자 참여 독려 및 지속적 소통을 한 액션에 대해서 5가지 추천해 줘.
> * 각 액션은 내가 한 구체적인 행동과 그 행동으로 나타난 결과를 함께 포함해 작성해 줘. 단, 이해도 향상, 활용도 향상과 같은 추상적 표현과 조사·분석·발견 내용은 액션에서 추천하지 마. 의사소통 액션이란 정보를 특정 대상에게 알리는 행동을 뜻해.

Tip 1: Place, Price 검색 후, 이어서 Promotion을 찾는 프롬프트를 전달하는 것을 추천한다. Place, Price, Promotion이 동일한 내용이 나오는 경우 각 내용을 전달하여 해당 내용과 중복되는 내용은 제외하고 전달해달라고 요청해 보자.

Tip 2: 만약 내 경험에 비해 적용이 어려운 예시가 나온다면 '학생 수준에서 해볼 수 있는 액션으로 추천해 줘'와 같이 추가 요청을 한다면 한층 쉽게 적용해 볼 수 있는 예시로 전달해 줄 수 있다.

Tip 3: 의사소통이라는 기준을 모호하게 인식하는 경우 이해도 향상, 소통력 향상이라는 추상적 액션이 전달될 수 있다. 이런 경우 모호하게 나온 예시들을 주고 추상적인 액션과 결과물은 제외하고 재 추천해달라고 요청해 보자.

Chapter 3
경험 수치화

    3C4P 테이블을 어느 정도 완성했다면, 이제 면접관의 시선으로 끌어올릴 차례다. 우리의 핵심 전략은 바로 '경험의 수치화'다. 경험을 수치화 하는 이유는 명확하다. 수많은 사람들이 자기 경험이 최고라고 주장하는 것이 자소서와 면접이다. 우리는 주관적인 설명 대신, 숫자라는 객관적인 언어로 명확히 증명하고 간결하게 승부할 것이다.

    경험의 수치화가 잘 되지 않는 이유는 크게 두 가지다. 첫째는 경험이 수치화 할 수 있을 만큼 세부적으로 분해되지 않고 덩어리 상태로 남아 있기 때문이고, 둘째는 분해된 각 행동마다 구체적인 숫자를 명확히 추출하지 않았기 때문이다. 그러나 우리는 이미 3C4P를 통해 경험을 명확히 분해해 두었다. 이제 남은 건 각 항목의 액션에 숫자를 붙이는 것이다.

    많은 취준생이 경험을 숫자로 표현하는 것을 어려워한다. 그 이유는 단순하다. 실제 경험을 할 당시 KPI를 고려하지 않았기 때문이다. 하지만 지금 다시 돌아보면 대부분의 경험은 숫자로 표현할 수 있다. 이 사실을 간과하지 말고 경험을 다시 한번 되돌아보자.

경험을 3C와 4P 항목에서 수치화 하는 방법은 간단하다. 내가 적은 내용 뒤에 '얼마나?'라는 질문을 붙이면 된다. 정확한 기억이 나지 않을 수도 있지만, 그런 경우는 당시 상황을 근거로 합리적인 추론을 통해 숫자를 기입하는 것이 중요하다. 너무 정교한 숫자에 집착하지 말고, 먼저 수치화가 가능한지 확인하자. 숫자로 표현하기 어려운 행동이라면 더 명확한 다른 행동으로 바꾸는 것도 방법이다.

실제로 예시를 들어 보자. 내가 카페에서 아르바이트를 했을 때, 메뉴판을 변경하고 홍보 방식을 개선하여 하루 매출이 30만 원에서 90만 원으로 늘어난 경험이 있다고 하자. 많은 취준생이 이 매출이 정확한지, 지속 기간이 얼마나 되는지 잘 기억나지 않아 숫자를 표현하기 어려워한다. 하지만 이때 중요한 것은 숫자의 정확성이나 기간이 아니다. 핵심은 '내가 어떤 행동을 했기에 이 같은 변화가 생겼는지'에 대한 과정의 설득력이다. 면접관 입장에서 매출이 60만 원 증가한 사실 자체가 중요한 것이 아니라, 그 성과를 만들기 위해 당신이 어떤 문제를 발견하고 어떤 과정을 거쳤는지를 궁금해한다. 이 경험을 간단히 4P 테이블에 넣고 수치화 해보자.

❶ Product	카페에서 매출이 올랐던 거 같다 → '얼마나?'	
	⇒ 매출 3배 성장	
❷ Place	잘나가는 메뉴를 추가했다 → '얼마나?'	
	⇒ 시즌 신상품 메뉴 3개 출시	
❸ Price	신상품 메뉴는 가격을 내렸다 → '얼마나?'	
	⇒ 경쟁사 대비 10% 싼 가격 설정	
❹ Promotion	홍보 방법을 바꿨다 → '얼마나?'	
	⇒ 신상품 이미지로 3개의 POP 설치	

최근에는 AI를 통해 과거 경험을 재구성하고 숫자로 표현하는 것이 매우 쉬워졌다. 간단한 프롬프트 몇 줄만 입력해도 AI가 경험을 세부적으로 분해하고 적절한 숫자와 성과지표(KPI)를 제안해 준다. 하지만 AI의 제안만 믿고 무작정 가져오는 건 위험하다. 스스로 판단하고 선택하는 과정이 반드시 필요하다.

AI는 강력한 도구다. 여러분이 했던 경험을 AI에게 구체적으로 설명하면, 경험을 수치화 할 수 있는 다양한 방법을 제안해준다. 예를 들어보자.

> **경험 예시**: "카페에서 아르바이트를 하면서 메뉴판을 새로 바꾸고, SNS 홍보를 강화했더니 매출이 늘어났습니다."

이 경험을 수치화 하기 위해 AI에게 다음과 같은 프롬프트를 줄 수 있다.

> **✦ AI 프롬프트 가이드라인 : 수치화 추천받기**
>
> "내가 카페에서 아르바이트했던 경험이 있는데, 당시 메뉴판을 개선하고, 인스타그램으로 홍보를 진행했던 경험이 있어. 이걸로 고객이 많이 방문하고, 매출도 늘었는데 이 경험을 영업 직무에서 아르바이트생 수준에서 측정가능하고 정량적인 성과지표(KPI)로 나타낼 수 있도록 숫자를 제안해줘."

이 프롬프트에 대해 AI가 다음과 같은 제안을 해줄 수 있다.

> **AI의 답변 예시**
> - 메뉴판 개선 후 고객 평균 객단가가 20% 증가 (기존 5,000원에서 평균 6,000원)
> - 인스타그램 홍보로 신규 고객 유입률이 30% 증가 (일평균 방문 고객이 40명에서 52명으로 증가)
> - 전체적인 일 매출이 50% 증가 (일 매출 30만원 → 45만원)

이제 여러분은 AI가 제안한 여러 가지 숫자 중에서 실제 경험에 가장 적합한 지표를 골라서 사용하면 된다. 정확한 숫자를 기억하지 못하더라도, 당시 상황과 기억을 바탕으로 가장 합리적인 수치를 고르는 것이 중요하다. 지나친 정확성을 강요받는 것이 아니라, 경험을 평가자에게 쉽게 전달하고 신뢰를 주기 위한 목적이다.

이렇게 간단한 경험을 세부적으로 분해하고 숫자를 덧붙이면 평범했던 경험이 순식간에 차별화된 경험으로 바뀐다. 중요한 건 관점이다. 내가 어떤 관점을 가지고 경험을 어떻게 해석하는지 명확히 정리할 수 있다면, 면접관이 궁금해하는 것을 한 번에 설명할 수 있다.

이제 여러분의 경험을 가지고 수치화까지 적용한 3C4P 필살기를 직접 만들어보자. 이해를 돕기 위해 인문계, 이공계, 공기업에서 대표적인 예시들을 분해하여 제시했다. 3C4P로 분해하고 수치화까지 끝냈다면, 이 내용을 자소서 문항에 맞게 연결하기만 하면 된다. 본서에서는 경험 분해부터 완성된 자소서까지 연결된 흐름을 모두 담아 여러분이 더 쉽게 이해하도록 했다.

다양한 케이스가 존재하지만 지면의 한계로 모든 직무를 다 담지는 못했다. 더 많은 사례가 필요하다면, NLT와 체인지업 커뮤니티를 방문하면 된다.

이제, 경험의 수치화를 통해 여러분의 필살기를 더욱 완벽하게 완성할 차례다.

Chapter 3
자소서 조립하기

앞서 3C4P 테이블로 경험을 분해하는 방법과, 3C4P 기반으로 완성된 자소서 케이스까지 살펴보았다. 이제 필살기 경험으로 자소서를 완성하는 방법과 주의할 점에 대해서 알아보자.

필살기 자소서의 구조

필살기 관련 문항은 내 경험 하나를 가장 완성도 있게 정리해서 전달하는데 주안점을 둔다. 그래서 글의 순서와 분량을 구조로 먼저 잡고 시작하는 것이 좋다. 많은 자소서에서 강조하지 않아도 될 내용을 강조하다가 정작 중요한 내용을 빼먹는 경우가 너무 많았다.

문단의 구조는 4단계를 따른다.

① **소제목** ⇒ **How**(3P) + **Result**(Product)

② **3C** ⇒ 30~40%

③ **4P** ⇒ 50~60%

④ **인사이트** ⇒ 좋은 문구 인용 (글자수 제약이 있을 때는 생략가능)

각 항목별 작성 방법

소제목 작성 방법

소제목은 반드시 작성하도록 하자. 애초에 구조가 없는 글이라면 소제목을 어떻게 작성해야 할지 어려움을 겪을 수 있지만, 우리는 이미 4P를 분해했기 때문에, 그냥 끌어오기만 하면 된다.

4P 중에 Product는 Result로 배치하고, 그 결과에 가장 큰 영향을 미친 3P 중 하나를 How로 배치하면 소제목은 완성된다.

How + Result는 "~~을 통한(통해) ~~ 달성(완성)"과 같은 형태를 취하는 것이다. 앞서 수치화에서 예시로 들었던 사례로 소제목을 완성해 보자.

4P로 3초 만에 소제목 완성하기

Product	매출 3배 성장
Place	시즌 신상품 메뉴 3개 출시
Price	경쟁사 대비 10% 싼 가격 설정
Promotion	신상품 이미지로 3개의 POP 설치
→ 소제목	시즌에 맞는 신상품 메뉴 출시로 매출 3배 성장

> **⚡ AI 프롬프트 가이드라인 : 4P로 소제목 추천 받기**
>
> 아래에 주어진 4P 정보(Product, Place, Price, Promotion)를 바탕으로, 자기소개서에 작성할 소제목을 5개 추천해 줘.
> 다음 사항을 반드시 지켜줘.
> 1. Place, Price, Promotion + Product 조합으로 문제해결의 핵심 액션이 잘 드러나게 소제목을 제안해 줘.
> 2. 소제목은 HOW+RESULT 형태로 만들어줘.
> 3. Result에서 결과물은 1개로만 구성해 줘.
> Product: 중복 회의 60% 감소
> Place:
> 1) 각각의 사이트 고객센터에 전화해 자료 정산 방법을 문의
> 2) 인계 받은 내용과 문의한 내용 비교하며 매출 자료 정리
> Price: 회의록을 미리 공유하여 회의 시간 평균 15분 단축
> Promotion: 업무 게시판에 업무 관련 현지 언어 번역하여 업로드하여 업로드 요청 20% 단축

Tip : Place, Price, Promotion에서 수치화가 포함된 결과물이 있을 경우 Result가 2개로 구성될 수 있다. 그럴 경우, Result에서는 결과물을 1개로 만들어달라고 요청해 보자.

3C4P로 자소서 조립하기

3C 조립 방법

간혹 3C에서 너무 많은 에너지를 사용하는 경우가 있는데, 절대 4P보다 많은 양을 써서는 안 된다. 그래서 총 글자 수의 30~40% 정도로 제한을 걸고 진행하는 편이 좋다고 가이드를 주고 싶다. 아무리 내용이 좋아도 3C는 내 전략이 아니고 배경일 뿐이다. 정말 강조하고 싶은 배경이 있다면 4P에서 추가 설명을 하는 방법도 있다. 전체 글의 40%를 절대 넘지 않도록 작성하자. 그러기 위해서 4P를 직접적으로 설명하는 배경만 꺼내서 쓰는 것이 좋다.

3C를 자소서로 작성할 때 가장 자연스러운 흐름은 Company → Customer → Competitor 형태로 작성하는 것이다.

'Company의 어떤 곳에서, 고객을 대상으로 문제 해결한 경험이 있습니다. 당시 어떤 문제가 있었고, 이를 해결하기 위해 조사 대상을 살펴보았습니다.'로 시작하면 면접관에게 가장 가독성이 높은 형태로 전달할 수 있다.

[3C 분해한 내용을 그대로 자소서에 옮긴 케이스]

3C : WHY (p.152)		
Customer 고객	혜택을 받는 대상	❷ 1차 고객: 대학생 2차 고객: K사 디지털마케팅팀
	대상이 필요로 한 것	❷ 1차 고객: 쉽고 재미있게 금융 지식을 쌓고 혜택을 누릴 수 있는 활동 2차 고객: 신규 사용자 유입 목표 달성
Company 자사	내가 속했던 곳 / 나의 역할	❶ 금융 서포터즈팀 내 앱 홍보 기획
	❸ 본인(팀)의 목표	앱 신규 접속자 수 200명 달성
	❸ 본인(팀)의 문제 혹은 기회 상황	**문제:** 당시 K사의 모바일 앱 인지도는 낮아서 아무도 사용하지 않음 **원인:** 주요 기능 소개가 복잡한 금융 용어로 되어 있어 대학생·MZ 세대의 관심을 끌지 못함, 신규 유입 이벤트 공지가 채널별로 흩어져 있어 일관된 홍보가 어려움
Com- petitor 경쟁사	조사 대상	❹ 1) 대학생들이 주로 팔로우하는 1만명 이상 금융 SNS 계정 10개 2) 높은 다운로드 전환율을 기록한 타 은행/핀테크 앱 마케팅 케이스 30개
	조사 내용	❺ 1) 대학생은 첫 학생증과 연동된 금융앱 선택 시 혜택(적금/이벤트)과 편의성 중시 2) 3개월 미만 신규 사용자는 단순 송금 기능을 가장 자주 이용. '간편', '현금처럼 쓸 수 있는 포인트', '투명한 금융' 등의 키워드가 앱 홍보 콘텐츠에서 높은 클릭률 기록 3) 참여형 콘텐츠(이벤트, 미션형 챌린지)를 진행한 브랜드가 신규 다운로드 수 증가율 2배 이상을 달성한 사례 확인

[3C 내용으로 완성한 자소서의 첫 단락]

Company ❶ ○○ 금융 서포터즈 팀에서 **Customer ❷** 쉽게 금융 지식을 쌓고 싶은 대학생 대상으로 앱 홍보 신규 프로모션을 진행한 경험이 있습니다. **Company ❸** 당시 신규 유입을 200명으로 잡았으나 은행의 인지도와 주요 기능을 소개하는 단어나 표현들이 어려워 매일 평균 유입 수가 5명 미만이었습니다. 또한 이벤트 내용이 산발적으로 공지되어 누구도 프로모션 소식을 알지 못했습니다. 이를 위해 **Competitor ❹** 대학생들이 만 명 이상 팔로우하고, 앱 다운로드 수가 높은 케이스를 40개 조사하였습니다. ❺조사를 통해 대학생들은 학생증과 연동된 은행의 혜택과 키워드 기반 참여형 콘텐츠에 반응이 좋다는 것을 알게 되었습니다.

3C의 각 요소를 다 쓰기엔 글자 수 제약에 걸릴 확률이 높기 때문에 4P와 연결된 3C를 적으라고 한 것이고, 글자 수가 여유 있다면 충분히 분해한 내용을 다 적어줘도 무방하다.

4P 작성 방법

Product는 굳이 자소서에 옮겨 적지 않아도 된다. 자소서 첫 줄인 소제목에서 이미 언급했기 때문에 Product를 제외한 3P를 나열식으로 붙여도 된다.

3P를 그대로 옮기고, 문장을 연결하는 수식어를 놓거나 문장의 완성을 하면 된다. 여기서 중요한 점은 소제목에 제시한 How를 먼저 적어주면 더 좋다는 점이다. 면접관의 입장에서 계속 반복되는 표현이 나오기 때문에 쉽게 이해되고 머리에도 더 깊이 각인될 수 있다.

[4P 분해한 내용을 그대로 자소서에 옮긴 케이스]

4P : What + How (p.153)		
Product 상품	결과물	④ 앱 신규 접속자 수 618명으로 3배 초과 달성
	결과의 의미	⑤ 서포터즈 내 우수팀
Place 위치	문제해결을 위한 구체적 행동	① 1) "5분 만에 나만의 금융 비서 만들기", "앱 설치만 해도 매일 커피 쿠폰이?"와 같은 카피로 CTA 10% 증가 2) 대학 캠퍼스 인근에서 간단한 금융 상식 퀴즈 이벤트 및 사은품 증정 오프라인 부스 운영 3) 앱 설치 시 참여 가능한 미션형 챌린지를 포스터로 만들어 SNS 채널에서 홍보 진행
Price 가격	생산성을 높인 구체적 행동	② "개강 첫 주, 학생증 이것부터 하세요"라는 콘텐츠로 조회수 2,000뷰 달성
Pro-motion 마케팅	소통과 설득을 위한 행동	③ 친구에게 공유할 경우 리워드 2배 당첨 이벤트 진행을 통해 이벤트 참여자 100명 확보

[4P 내용으로 완성한 자소서의 두번째 단락]

Place ❶신규 유입을 끌어올리기 위해 가장 먼저 앱 내 CTA 개선을 진행했습니다. 대학생들의 관심을 끌기 위해 "5분 만에 나만의 금융 비서 만들기", "앱 설치만 해도 매일 커피 쿠폰이?" 문구로 카피를 변경시켜 클릭 전환율을 10% 끌어올렸습니다. 또한 개강 후 활동이 활발한 시점에 캠퍼스 내에서 금융 상식 퀴즈와 사은품 증정 부스를 운영해 방문 유입을 평균 30명 이상으로 높였습니다. **Price ❷**"개강 첫 주, 학생증 이것부터 하세요"라는 콘텐츠로 조회수 2,000뷰 달성 시켜 SNS 계정의 관심도를 상승시켰습니다. **Promotion ❸**이후 이벤트 안내를 독려하기 위해 미션형 챌린지를 포스터로 제작해 SNS 홍보를 병행했고, 친구에게 공유할 경우 리워드를 2배로 주는 이벤트로 참여자 100명을 확보했습니다. **Product ❹**그 결과 앱 신규 접속자 수가 목표의 3배인 618명을 달성하며 ❺서포터즈 내 우수 팀으로 선정될 수 있었습니다.

> ✨ **AI 프롬프트 가이드라인 : 3C4P 테이블로 자소서 완성**
>
> 아래에 주어진 3C4P 정보(Customer, Company, Competitor, Product, Place, Price, Promotion)를 바탕으로, 자기소개서를 만들어줘.
> 서술 시 다음 사항을 반드시 지켜줘.
>
> 1. 전체 소제목, 3C로 한문단, 4P로 한문단을 만들어줘.
> 2. 단, 전체 소제목을 제외하고 문단별로 소제목은 만들지 마.
> 3. 소제목은 HOW+RESULT 조합으로 만들어줘.
> 4. Product의 결과는 맨 마지막 문장으로 작성해 줘.
>
> [3C4P 붙여넣기]

Tip 1: AI 특성상 아직 공백을 포함한 글자 수가 인식이 안 되는 경우가 많다. 만약 내가 원하는 글자 수대로 나오지 않았다면 글자 수를 타 사이트를 통해 확인하고, "몇 문장을 빼줘"라고 구체적으로 요청하는 것이 좋다.

Tip 2: 아래 명령어는 면접관에게 가장 가독성이 좋은 소제목 + 3C + 4P로 구성되도록 맞춰져 있다. 3C와 4P의 내용이 누락되지 않았는지 반드시 크로스 체크해볼 것.

인사이트 작성 방법

내 경험을 통해 기여하고자 하는 표현 혹은, 평소에 학습했던 좋은 책에서 인용해도 무방하다.

내 경험에 여운을 남기는 좋은 방식이지만, 글자 수의 압박을 받는 경우에는 생략해도 무방하다.

> ✨ **AI 프롬프트 가이드라인 : 글을 마무리하는 인사이트**
>
> 내 자소서에 마무리할 문장을 5개 추천해 줘. 일본전산 이야기에서 어울릴만한 문장을 매칭해주면 좋겠어. 이때 기여 포인트나 깨달은 점이 될 수 있도록 문장을 추천해 줘.
> 예시: 이 경험을 통해 모두가 포기하더라도 끝까지 버텨낸다면 못 해낼 것이 없다는 것을 알게 되었습니다. 끝까지 포기하지 않는 마음으로 문제해결에 임하겠습니다.

Tip 1: 이형의 필독 도서인 일본전산 이야기, 왜 일하는가, 자기 경영 노트 중 하나를 택하여 인사이트를 연결해 보도록 하자.

Tip 2: 가능하면 전문가는 내 직무 영역의 전문가(ex. 마케팅- 세스고딘)를 매칭해보는 것이 좋다. 만약 'OO가 말했습니다.'로 시작된다면 해당 인용은 지우고 다시 만들라고 요청하자.

Tip 3: 내 경험과 매칭이 안 되는 예시가 나오는 경우, 자소서의 전반적인 맥락과 연결되게 다시 찾아달라고 요청해 볼 것.

글자 수를 조절하는 방법

좋은 경험을 잘 분해했고, 수치화까지 했더라도 기업마다 요구하는 글자 수의 기준이 다르기 때문에 그대로 적용하기에는 어렵다. 그래서 문항별로 자소서를 적어놔봐야 복사 붙여넣기가 안되는 것이다. 회사마다 자소서 문항을 보면, 의도가 다르고 흐름도 다르다. 문항에 맞게 어떤 경험을 넣을지 생각하고 3C4P 테이블을 펼쳐놓고 매번 자소서를 다시 조합해서 작성해야 한다.

그런데, 여기서 글자 수를 늘려야 할 때와 줄여야 할 때가 있는데 그에 대해 어려움을 많이 겪어서 우선순위와 가이드를 주고자 한다.

❶ '늘리는 것은 4P로, 줄이는 것은 3C로' 하라.

❷ 700자 기준으로 자소서를 작성했는데, 다른 기업의 자소서는 1000자로 작성해야 한다고 해보자. 이때 소제목과 3C는 그대로 옮기고, 4P를 더 자세하게 적기를 추천한다. 가장 중요한 것이 4P이고, 실제 글자의 차이가 300자 정도로 아주 크지 않기 때문이다.

❸ 반대로 글을 줄여야 할 경우는 배경이 되는 3C를 더 압축해서 줄이는 것이 좋다. 4P는 끝까지 지켜야 하는 정보라고 생각하자. 만약 700자로 써놨는데 500자 이내로 써야 하는 경우는 소제목과 4P는 그대로 가고, 3C를 과감히 줄이자. 만약 300자 이내로 적어야 하는 경우라면, 3C를 과감히 날려야 할 수도 있다. 어떤 경우에라도 4P를 살리는데 주안점을 두자. 소제목을 4P로만 구성하는 이유도 같은 이유다.

❹ 만약에 500자 이상 차이가 나는 경우라면, 글을 다시 써야 한다. 3C와 4P 두 구조를 균형 있게 늘리고 줄여야 한다. 자칫 글 자체가 어색해지고, 전달력에 문제가 생길 수 있기 때문에, 소제목은 그대로 옮겨 쓰더라도, 3C와 4P를 좀 더 디테일하게 옮기길 추천한다.

❺ 글자 수에 압박이 있는 경우 인사이트는 생략해도 무방하다.

> ✨ **AI 프롬프트 가이드라인 : 글자수 줄이기 요청**
>
> 내가 전달해 주는 자소서를 아래 가이드에 따라서 줄여줘.
> 글자 수는 한국어 기준으로 공백을 포함해서 400자로 맞춰줘.
> 1번째 문단에서 글자 수를 우선적으로 줄이는데, 각 문장별로 실행 과정에 대한 설명과 맥락이 너무 생략되지 않게 글자 수를 줄여줘. 만약 3번째 문단이 배우고 깨달은 내용으로 구성되어 있다면 이 문단을 없애도 좋아. 단, 소제목은 절대 수정하지 마.

Tip1: AI 특성상 줄이거나 늘리기를 공백 포함에서 정확하게 맞추지 못할 수도 있다. 그럴 때 추가적으로 "OOO자로 늘려줘/줄여줘"로 다시 요청해 보자.
Tip2: 좀 더 자연스러운 줄이기, 늘리기가 필요하다면 3C4P 내용을 전달해서 이 내용 기반으로 글자 수를 맞춰달라고 요청하면 맥락이 훨씬 자연스럽게 자소서가 수정될 수 있다.

> ✨ **AI 프롬프트 가이드라인 : 글자수 늘리기 요청**
>
> 내가 전달해 주는 자소서를 아래 가이드에 따라서 늘려줘.
> 글자 수는 한국어 기준으로 공백을 포함해서 1000자로 맞춰줘.
> 2번째 문단에서 글자 수를 우선적으로 늘려주되, 각 문장별로 실행 과정에 대한 설명과 맥락을 추가해서 글자 수를 늘려줘. 소제목은 절대 수정하지 마.

직무 계열별
케이스 뱅크

3C4P 예시 | 인문계 사례 ❶ [객단가증가]

(신입) (아르바이트) (영업) (객단가증가)

How + Result 인기 품목 동선 개선으로 주력 시간대 객단가 10% 증가

3C : WHY

Customer (고객)	고객	1차 고객: 2030 자취생 2차 고객: 식품 납품 업체
	고객 니즈	1차 고객: 하교, 퇴근 시간에 맛있게 간단히 먹을 수 있는 식품 2차 고객: 회사 식품이 많이 유통되는 것 1차 고객을 편의점을 방문하는 고객으로 규정하고, 2차 고객을 1차 고객에게 물품을 전달해 줄 수 있는 납품업체로 규정했다.
Company (자사)	팀 내에서 나의 역할	편의점 아르바이트생(고객 응대 및 매장관리)
	목표	매출 5% 증가
	문제/원인/ 기회 상황	1) 주변 3개 편의점 간의 경쟁으로 인해 매출이 부진한 상황이었음. 2) 즉석식품 평일 폐기율이 약 30% 발생 당시 자사의 상황을 명확한 목표 달성을 어렵게 만드는 외부적 요인으로 주변 편의점과의 경쟁을 문제로 규정했다.
Com- petitor (경쟁사)	조사 대상	1) 주 방문 시간대(오후 5시~11시)의 고객 구입 품목을 분석 2) 주변 편의점에서 해당 시간대에 사람들이 많이 사는 품목이 무엇인지 확인 3) 근무시간 중 주 방문 고객의 연령과 기존 매장 내 진열을 관찰함
	조사 내용	1) 저녁 시간과 야식 시간에 맞춰 컵라면과 김밥 제품이 많이 나간다는 것을 확인함 2) 학생들과 직장인 남성은 치킨과 꼬치류를 선호한다는 것을 알게 됨 3) 라면, 김밥, 즉석식품이 모두 떨어져 있어 동선이 효율적으로 나오지 않는다는 것을 알게 됨

4P : WHAT + HOW

Product (상품)	결과	주력 시간대 객단가 10% 증가
	결과의 의미	폐기율 감소 및 매출 증가로 매장관리 능력을 인정받아 점주에게 매니저 제안을 받음
		객단가를 상승시킨 성과를 인정받아 매니저 제안을 받았다는 흐름이 자연스럽게 연결된다.
Place (위치)	문제해결을 위한 행동	1) 즉석식품 중 치킨 제품과 꼬치류의 80%를 5시부터 진열하는 것으로 변경 2) 컵라면과 김밥 매대를 마주 보게 배치하여 세트로 사도록 유도함 3) 한 끼 식사 존과 간식/디저트 존을 표시하여 원하는 음식을 빠르게 찾아갈 수 있도록 하여 이탈 방지
Price (가격)	생산성을 높인 행동	1) 낮은 판매율을 보이는 제품의 진열 공간 축소로 매대 활용도 20% 증대 2) 즉석식품 진열 순서를 정해 교대 간 정리 시간 25% 단축
		매대 활용 공간과 정리 시간을 단축시킨 액션을 통해 생산성을 향상시킨 내용을 전달하고 있다.
Pro-motion (마케팅)	소통과 설득을 위한 행동	1) 라면과 김밥 코너에 세트 메뉴 POP를 부착해 세트로 사게끔 유도함 2) 학생과 직장인 남성분들 계산 시 치킨과 꼬치 즉석식품을 진열한 지 얼마 안 되었다는 점을 어필하여 구매 유도
		POP와 직접 알리기 행동을 통해 고객 행동을 유도하는 액션을 Promotion으로 작성했다.

본 챕터의 사례들은 당사자의 사전 동의를 거쳐 가공된 내용을 기반으로 수록되었습니다.

3C4P로 완성한 인문계 자소서 예시 ❶

인기 품목 동선 개선으로
주력 시간대 객단가 10% 증가

Customer / Company ❶편의점 아르바이트 하면서 퇴근 후 간단히 한 끼를 해결하려는 2030 자취생들을 위해 재고를 관리했던 적이 있습니다. 그러나 주변 3개 편의점과의 치열한 경쟁으로 인해 방문 고객이 저조해지면서 당시 매출이 부진했습니다. **Competitor** ❷주 방문 시간대인 오후 5시~11시에 고객들이 선호하는 품목과 주변 점포의 인기 상품과 매장 동선을 분석했습니다. 분석을 통해 주로 치킨과 꼬치류를 선호하며, 라면·김밥의 비효율적 진열로 구매 전환율이 낮다는 점을 발견했습니다.

---

❶
2030 자취생 고객들을 위해 아르바이트를 진행했다는 내용을 통해 고객 관점을 가진 지원자임을 보여주고 있다.

❷
이전의 내가 한 액션에 대한 고객 방문 내용과 인기 있는 편의점들의 동선 분석을 통해 발견한 차이점을 전달했다.

본 챕터의 사례들은 당사자의 사전 동의를 거쳐 가공된 내용을 기반으로 수록되었습니다.

Place ❸이후 가장 인기가 많은 치킨 및 꼬치류의 물량 80%를 오후 5시부터 진열해 신선함을 강조했습니다. 또한 세트로 주로 찾는 컵라면과 김밥 매대를 마주 보게 배치해 세트 구매를 유도했습니다. 식사와 디저트를 별도로 구분해서 오시는 분들을 위해 매장 내에는 '한 끼 식사 존과 '간식/디저트 존'을 구분해 1분 이내 원하는 상품을 빠르게 찾을 수 있도록 개선했습니다. **Price** 동선 개선을 통해 판매율이 낮은 제품의 진열 공간을 축소해 매대 활용도를 20% 높였고, 진열 순서를 표준화해 교대 간 정리 시간을 25% 단축했습니다. **Promotion** 이러한 변화를 바로 알 수 있도록 라면·김밥 코너에는 세트 메뉴 POP를 부착하고, 계산 시 즉석식품이 갓 진열됐다는 점을 어필해 추가 구매를 유도했습니다. **Product ❹**그 결과, 손님들의 방문 증가로 주력 시간대 객단가가 10% 상승했고, 폐기율 감소 및 매출 증가로 매장관리 능력을 인정받아 점주로부터 매니저 제안을 받는 성과를 이뤘습니다.

❸
인기 상품 배치를 통해 손님들의 전환을 이끌어 내기 위한 문제 해결의 구체적인 내용들을 서술했다.

❹
매출 부진에 대한 배경을 시작으로 최종 결과물을 객단가 상승이라는 내용으로 연결 지어 자소서의 일관성을 보여주고 있다.

3C4P 예시 | 인문계 사례 ❷ [유저증가]

(신입) (대외활동) (광고기획/마케팅) (유저증가)

How + Result 신입생의 관심을 끄는 프로모션으로 앱 신규 접속자 3배 초과 달성

3C : WHY

Customer (고객)	고객	1차 고객: 대학생 2차 고객: K사 디지털마케팅팀
	고객 니즈	1차 고객: 쉽고 재미있게 금융 지식을 쌓고 혜택을 누릴 수 있는 활동 2차 고객: 신규 사용자 유입 목표 달성 1차 고객을 홍보를 볼 주요 타깃인 대학생으로 규정하고, 2차 고객을 대학생 고객들에게 혜택을 줄 수 있는 마케팅팀으로 규정했다.
Company (자사)	팀 내에서 나의 역할	금융 서포터즈팀 내 어플 홍보 기획
	목표	어플 신규 접속자 수 200명 달성
	문제/원인/ 기회 상황	1) 문제: 당시 K사의 모바일 앱 인지도는 낮아서 아무도 사용하지 않음 2) 원인: 주요 기능 소개가 복잡한 금융 용어로 되어 있어 대학생·MZ 세대의 관심을 끌지 못함, 신규 유입 이벤트 공지가 채널별로 흩어져 있어 일관된 홍보가 어려움 당시 자사의 문제 상황을 고객이 불편해하는 어려운 용어, 흩어진 채널로 인해 정보가 전달되지 않는 다는 내용으로 전달하고 있다.
Com-petitor (경쟁사)	조사 대상	1) 대학생들이 주로 팔로우하는 1만명 이상 금융 SNS 계정 10개 2) 높은 다운로드 전환율을 기록한 타 은행/핀테크 앱 마케팅 케이스 30개
	조사 내용	1) 대학생은 첫 학생증과 연동된 금융 앱 선택 시 혜택(적금/이벤트)과 편의성 중시 2) 3개월 미만 신규 사용자는 단순 송금 기능을 가장 자주 이용'간편', '현금처럼 쓸 수 있는 포인트', '투명한 금융' 등의 키워드가 앱 홍보 콘텐츠에서 높은 클릭률 기록 3) 참여형 콘텐츠(이벤트, 미션형 챌린지)를 진행한 브랜드가 신규 다운로드 수 증가율 2배 이상을 달성한 사례 확인 대학생들이 많이 팔로우하는 계정, 높은 전환율을 지닌 어플을 조사한 케이스로 나보다 앞선 대상을 조사했다.

4P : WHAT + HOW

Product (상품)	결과	어플 신규 접속자 수 618명으로 3배 초과 달성
	결과의 의미	서포터즈 내 우수팀
Place (위치)	문제해결을 위한 행동	1) "5분 만에 나만의 금융 비서 만들기", "앱 설치만 해도 매일 커피 쿠폰이?"와 같은 카피로 CTA 10% 증가 2) 대학 캠퍼스 인근에서 간단한 금융 상식 퀴즈 이벤트 및 사은품 증정 오프라인 부스 운영 3) 앱 설치 시 참여 가능한 미션형 챌린지를 포스터로 만들어 SNS 채널에서 홍보 진행 고객들이 클릭하는 CTA 수치와 타 콘텐츠를 통해 액션을 진행한 케이스로 데이터 분석을 기반으로 진행한 액션을 문제 해결 내용으로 전달했다.
Price (가격)	생산성을 높인 행동	개강 첫 주, 학생증 이것부터 하세요라는 콘텐츠로 조회수 2,000뷰 달성 여러 콘텐츠를 많이 올리는 것보다 하나의 콘텐츠로 높은 유입을 이끌어낸 액션을 Price로 표현했다.
Pro- motion (마케팅)	소통과 설득을 위한 행동	친구에게 공유할 경우 리워드 2배 당첨 이벤트 진행을 통해 이벤트 참여자 100명 확보 고객 행동을 유도하기 위해 리워드 2배 당첨 이벤트를 진행했다.

본 챕터의 사례들은 당사자의 사전 동의를 거쳐 가공된 내용을 기반으로 수록되었습니다.

3C4P로 완성한 인문계 자소서 예시 ❷

신입생의 관심을 끄는 프로모션으로
앱 신규 접속자 3배 초과 달성

Customer ○○ 금융 서포터즈 팀에서 쉽게 금융 지식을 쌓고 싶은 대학생 대상으로 어플 홍보 신규 프로모션을 진행한 경험이 있습니다. **Company** ❶당시 신규 유입을 200명으로 잡았으나 은행의 인지도와 주요 기능을 소개하는 단어나 표현들이 어려워 매일 평균 유입 수가 5명 미만이었습니다. 또한 이벤트 내용이 산발적으로 공지되어 누구도 프로모션 소식을 알지 못했습니다. **Competitor** 이를 위해 대학생들이 만 명 이상 팔로우하고, 어플 다운로드 수가 높은 케이스를 40개 조사하였습니다. ❷조사를 통해 대학생들은 학생증과 연동된 은행의 혜택과 키워드 기반 참여형 콘텐츠에 반응이 좋다는 것을 알게 되었습니다.

---

❶
당시 문제 상황을 수치화로 표현하여 얼마나 고객의 유입이 적었는지 제시하여 구체성을 더하고 있다. 문제의 원인을 고객이 불편해하는 점에서 시작하여 고객 관점이 뛰어난 지원자임을 보여준다.

❷
주요 고객이 어떤 콘텐츠에 반응하고 어떤 혜택에 반응하는지 조사하여 발견한 인사이트를 전달했다.

본 챕터의 사례들은 당사자의 사전 동의를 거쳐 가공된 내용을 기반으로 수록되었습니다.

Place ❸신규 유입을 끌어올리기 위해 가장 먼저 어플 내 CTA 개선을 진행했습니다. 대학생들의 관심을 끌기 위해 "5분 만에 나만의 금융 비서 만들기", "앱 설치만 해도 매일 커피 쿠폰이?" 문구로 카피를 변경시켜 클릭 전환율을 10% 끌어올렸습니다. 또한 개강 후 활동이 활발한 시점에 캠퍼스 내에서 금융 상식 퀴즈와 사은품 증정 부스를 운영해 방문 유입을 평균 30명 이상으로 높였습니다. Price 개강 첫 주, 학생중 이것부터 하세요라는 콘텐츠로 조회수 2,000뷰 달성시켜 SNS 계정의 관심도를 상승시켰습니다. Promotion 이후 이벤트 안내를 독려하기 위해 미션형 챌린지를 포스터로 제작해 SNS 홍보를 병행했고, 친구에게 공유할 경우 리워드를 2배로 주는 이벤트로 참여자 100명을 확보했습니다. Product ❹그 결과 어플 신규 접속자 수가 목표의 3배인 618명을 달성하며 서포터즈 내 우수 팀으로 선정될 수 있었습니다.

❸
고객이 어려워했던 점들을 해결해 나간 액션을 순차대로 전달했다.

❹
문제로 규정했던 유입 저하 내용을 문제 해결 액션을 통해 유입을 상승시킨 내용으로 일관성 있게 자소서를 마무리했다.

3C4P 예시 | 인문계 사례 ❸ [예산절감]

(신입) (대외활동) (재무회계) (예산절감)

How + Result	결제 방식과 품목 변경 전략으로 예산 95% 이내 캠프 진행

3C : WHY

Customer (고객)	고객	1차 고객: OT 참여자(신입생) 2차 고객: 학교 총무국
	고객 니즈	1차 고객: 쾌적한 환경에서 불편 없이 캠프를 즐기고, 프로그램마다 충분히 참여할 수 있는 환경 2차 고객: 예산 초과 없이 캠프 진행 당시 행사를 총괄하던 학교 총무국을 2차 고객으로 규정하고 학교 총무국의 서비스를 받는 대상을 1차 고객으로 규정했다.
Company (자사)	팀 내에서 나의 역할	OT 운영팀 총무국, 예산 집행 담당
	목표	최초 예산 95% 이내 캠프 집행
	문제/원인/ 기회 상황	1) 문제 : 실내 임대공간 증가로 예산 30% 초과 예상 2) 원인 : 작년 대비 참가자 증가와 갑작스러운 폭우로 인해 추가 숙소 배정과 셔틀 운행 등 현장 대응 부담 가중 폭우라는 갑작스러운 외부적 요인과 참여자 증가라는 예상치 못한 상황을 통해 예산이 초과할 수 밖에 없는 문제를 전달하고 있다.
Com- petitor (경쟁사)	조사 대상	신입생이 증가했던 때 총무국을 맡았던 선배
	조사 내용	1) 현재까지 집행된 예산내용을 보고, 비품비나 줄여도 크게 불만족하지 않는 내용에서 예산을 줄이는 것이 필요하다는 것을 발견 2) 임대 비용의 경우, 사전 예약과 결제 시점을 미리 앞당기면 할인이 가능하다는 것을 알게 됨. 해당 장소 근처에 빈 분교가 있어서 저렴하게 계약해 보는 것을 추천받음 유사 상황을 겪어본 선배를 나보다 앞선 대상으로 조사했다.

4P : WHAT + HOW

Product (상품)	결과	초과 비용 없이 95% 이내 캠프 진행
	결과의 의미	회계감사 지적 사항 0건으로 통과
Place (위치)	문제해결을 위한 행동	1) 주변 폐교를 기존 시설 대비 30% 저렴한 가격으로 5곳 확보함 2) 결제 시점을 한 달 앞당겨서 전체 대금의 10%를 할인받음 3) 프로그램 리허설 시 발생하는 불필요한 식음료비를 5000원으로 제한해 총 100만 원의 비용을 절감함 예산 초과의 상황을 해결하기 위한 비용 절감 액션을 Place로 정리했다. Price에 들어갈 수 있는 내용도 이처럼 의도에 따라 Place에 배치 가능하다.
Price (가격)	생산성을 높인 행동	현재까지 집행된 내역 분석을 통해 간식비와 기타 비품비를 재구매 없이 기존 재고들을 활용하는 방안으로 진행하여 물품 구매 일정을 5일 단축시켜 공간 확보에 시간을 배치함 기존 재고를 사용하여 구매 일정을 단축 시킨 액션을 생산성으로 표현했다.
Pro- motion (마케팅)	소통과 설득을 위한 행동	간식, 비품, 식음료비를 제한하게 된 히스토리를 문서화시켜 예산 집행 시 참고할 수 있도록 기록 및 정리

본 챕터의 사례들은 당사자의 사전 동의를 거쳐 가공된 내용을 기반으로 수록되었습니다.

3C4P로 완성한 인문계 자소서 예시 ❸

준비 기간 내 예산 품목 변경 전략으로
예산 95% 이내 캠프 진행

Customer 신입생들의 학교 적응을 돕기 위한 OT 준비를 위해 총무국에서 예산을 담당했습니다. **Company** ❶신입생들이 쾌적하게 캠프에 참여할 수 있도록 예산 초과 없이 행사를 마치는 것이 목표였으나 참여자 증가와 갑작스러운 폭우로 전체 예산이 30% 초과할 위험이 있었습니다. **Competitor** ❷이를 해결하고자 신입생 수가 급증했던 해 총무국을 맡았던 선배를 찾아가 조언을 구했고, 결제 시점을 앞당기는 것과 근처 폐교를 계약할 경우 비용을 절감할 수 있다는 인사이트를 얻었습니다.

❶ 단순히 예산을 아끼는 목적보다 캠프를 참여하는 신입생들이 쾌적하게 참여할 수 있는 의도로 예산을 관리하고 싶었다는 목표를 전달하고 있다.

❷ 선배를 통해 얻은 비용 절감의 노하우를 인사이트로 작성했다.

본 챕터의 사례들은 당사자의 사전 동의를 거쳐 가공된 내용을 기반으로 수록되었습니다.

Place ❸이에 주변 폐교 5곳을 조사하여 현재 있는 숙소 대비 30% 저렴한 가격으로 임대할 수 있는 곳이면서 가장 관리가 잘된 건물을 확보했습니다. 또한 전체 대금의 결제 시점을 계약서 작성 시점보다 한 달 앞당겨 전체 대금의 10%를 할인받았습니다. 추가로 크게 만족도 포인트에 영향을 미치지 않을 내역으로 프로그램 리허설 시 불필요한 식음료비를 5,000원으로 제한해 총 100만 원을 절감했습니다. **Price** 임대 공간 물색을 위해 별도 재구매가 추가적으로 불필요했던 간식비와 비품비를 기존의 것으로 수량을 확보하여 물품 구매 일정을 5일 단축시켜 임대 공간을 찾는 시간으로 확보했습니다. **Promotion** ❹간식, 비품, 식음료비 제한의 히스토리를 문서화해 이후 예산 집행 시 참고 자료로 남겼습니다. **Product** 그 결과, 초과 비용 없이 최초 예산의 95% 이내로 캠프를 성공적으로 진행하며 회계감사 지적 사항 0건으로 통과할 수 있었습니다.

❸
초과한 예산을 아끼면서 지출을 줄이기 위한 과정을 Place로 표현했다.

❹
그냥 두면 예산 품목 변경에 대해 지적 사항의 위험이 있을 수 있는 내용을 문서로 남겨 성과로 기여할 수 있었던 내용을 작성했다.

3C4P 예시 | 이공계 사례 ❶ [연구목표달성]

(신입) (학교연구) (연구개발) (연구목표달성)

| How + Result | 효모 배양 기반 반죽 공정 개선으로 조직 개선율 50% 달성 |

3C : WHY

Customer (고객)	고객	1차 고객 : 빵 소비자 1차 고객 : 식품 연구소 및 품질관리팀
	고객 니즈	1차 고객: 더욱 부드러운 제빵 제품 소비 기대 2차 고객: 식감 개선을 위한 연구 데이터를 확보하여 제품 품질 향상
		실제로 대면하지는 않았지만 내가 만드는 제품을 먹게 될 소비자를 연구개발의 고객으로 규정했다.
Company (자사)	팀 내에서 나의 역할	미생물 원료 연구
	목표	제빵 반죽의 조직 개선율 향상
	문제/원인/ 기회 상황	문제: 식빵의 식감이 퍽퍽해지는 문제 발생 원인 : 기존 발효효모의 가스 발생력이 상업적 효모보다 낮아 최적의 식감을 구현하는 데 한계가 발생함
		당시 실험의 목표였던 조직 개선율 향상에 대해 목표로 설정하여 연구개발의 KPI와 연결되어 있음을 보여준다.
Competitor (경쟁사)	조사 대상	효모를 이용한 유사 연구 및 제빵 기업의 특허 분석 (총 10건 검토)
	조사 내용	1) 신규 분리한 야생 과실 유래 효모가 기존 상업 효모 대비 가스 발생력이 향상됨 2) 제빵 시 발효 속도가 빨라져 24시간 후 반죽 조직 유지율이 개선된다는 것을 발견
		조사를 통해 알게 된 내용을 모두 나열한 것이 아닌, 문제 상황을 개선시킬 수 있는 방법들에 대해 요약하여 작성했다.

4P : WHAT + HOW

Product (상품)	결과	반죽 조직 개선율 50% 달성
	결과의 의미	관능 평가 만족도 90점 달성
		목표로 하는 연구성과를 결과로 제시하고 이를 달성함으로써 2차적으로 얻게 된 만족도를 결과물로 제시했다.
Place (위치)	문제해결을 위한 행동	1) 기존 상업 효모와 신규 분리한 야생 과실 유래 효모를 비교하여, 가장 높은 가스 발생력을 보이는 균주 선별 2) 글루텐 결합력을 강화할 수 있도록 반죽 공정(믹싱 속도, 반죽 시간 등) 조정 3) 효모 배양 조건(온도, pH, 영양소)을 최적화하여 발효력을 극대화
		타 논문을 통해 발견한 내용을 단순히 효모 변경으로 끝내지 않고 균주 선별, 공정 속도, 시간 조정, 조건을 변경한 내용으로 문제 해결 액션의 구체성을 더했다.
Price (가격)	생산성을 높인 행동	신규 효모를 통해 가스 발생력 2배 증가
		Place가 균주 선별, 반죽, 발효력에 대한 내용으로 집중했다면 Price는 신규 효모를 사용해서 가스 발생력을 증가시킨 액션을 제시한 것으로 생산성 액션을 차별화했다.
Pro- motion (마케팅)	소통과 설득을 위한 행동	제빵 연구원 20명을 대상으로 관능 평가를 실시하고 개선 효과 검증

본 챕터의 사례들은 당사자의 사전 동의를 거쳐 가공된 내용을 기반으로 수록되었습니다.

3C4P로 완성한 이공계 자소서 예시 ❶

효모 배양 기반 반죽 공정 개선으로 조직 개선율 50% 달성

❶
진행했던 연구개발의 목표가 논문 완성이나, 교수님의 시킨 일로 시작되지 않고 소비자들에게 더 나은 제품을 전달하기 위해 시작되었음을 첫 문장에서 전달했다.

❷
특허, 우수사례, 논문 등 해당 분야에서 성과를 낸 케이스를 분석하는 것이 문제를 빨리 해결하는 방법의 핵심이다.

Customer ❶빵 소비자들은 더욱 부드러운 식감을 기대했으나, **Company** 기존 발효효모의 가스 발생력이 낮아 제빵 시 반죽 조직이 거칠어지는 문제가 있었습니다. 기존 상업 효모보다 가스 발생력이 높은 대체 미생물을 찾는 것이 필요했습니다. **Competitor ❷**효모를 이용한 유사 연구 및 제빵 기업의 특허 10건을 검토한 결과, 신규 분리한 효모가 기존 효모 대비 가스 발생력이 높으며, 발효 속도가 빨라 24시간 후 반죽 조직 유지율이 개선된다는 점을 확인했습니다. 또한 온도, 산성, 영양소 조정이 핵심이라는 것을 발견했습니다.

본 챕터의 사례들은 당사자의 사전 동의를 거쳐 가공된 내용을 기반으로 수록되었습니다.

Place 이에 기존 상업 효모와 신규 분리한 효모를 비교하여 가장 높은 가스 발생력을 보이는 균주를 선별하고, 글루텐 결합력을 강화할 수 있도록 반죽 믹싱 속도와 시간을 조정했습니다. 또한, 효력을 극대화하기 위해 효모 배양 조건을 중간실험을 통해 발견했습니다.
❸효모의 대사 활동이 가장 활발한 30℃의 온도와 pH 5.2의 약산성 환경을 설정하고, 질소원과 비타민 B군을 포함한 영양소를 보강하여 배양된 효모를 활용하여 제빵 실험을 최종적으로 진행했습니다. **Promotion** 실험의 효과성을 파악하기 위해 제빵 연구원 20명을 대상으로 관능 평가를 실시한 결과, 만족도 90점을 기록하며 연구 목표를 성공적으로 달성했습니다. **Price/Product** 그 결과, 신규 효모를 활용한 가스 발생력이 기존 대비 2배 증가하였으며, 반죽 조직 개선율이 50% 향상되었습니다.

❸
최적화, 극대화했다는 표현만으로는 액션이 추상적일 수 있다. 구체적으로 어떻게 극대화했는지 3가지 요소와 조건에 대해 작성했다.

3C4P 예시 | 이공계 사례 ❷ [기능개선]

(신입) (학교연구) (연구개발) (기능개선)

How + Result 그래핀 기반 방열과 구조 개선으로 무게를 10% 줄인 기기 개발 성공

3C : WHY

Customer (고객)	고객	1차 고객 : 장시간 앉아있어 허리 통증을 호소하는 원격근무자 2차 고객 : 스마트 헬스케어 솔루션 발주사
	고객 니즈	1차 고객 : 책상과 의자에 쉽게 결합해 사용 가능한 500g 이하의 초경량 허리 스트레칭 장치 2차 고객 : 장시간 착용해도 답답하지 않은 웨어러블 기기
		웨어러블 기기를 사용할 B2C 고객 외에도 B2B 고객을 규정했다. 내 경험에서는 B2B 고객이 먼저 떠오른다면, B2B 고객의 B2C 고객은 누구일지 규정해 보는 것도 좋은 방법이다.
Company (자사)	팀 내에서 나의 역할	허리 스트레칭 웨어러블 장치 하드웨어 설계 및 프로토타입 개발
	목표	의자에 부착 시 자동 스트레칭 모드, 분리 시 수동 마사지 모드로 전환이 되는 500g 이하의 초소형 웨어러블 기기 완성
	문제/원인/ 기회 상황	문제 : 스트레칭 강도를 유지하기 위해 장치에 필요한 진동 모듈의 단독 무게가 300g으로 전체 설계 목표치(500g 이하)를 초과함. 원인 : 진동 모듈의 출력과 내구성을 확보하기 위해 고출력 부품을 사용했으나, 소형화 설계가 미흡하여 무게가 증가. 기존 플라스틱 케이스의 방열 설계가 부적절해 열이 축적되며, 이를 해소하기 위해 히트싱크를 추가할 경우 다시 무게가 늘어남
		당시 많은 문제와 발생 원인이 있었겠지만 가장 핵심적으로 해결을 할 경량화에 초점을 맞추고 경량화를 어렵게 만드는 핵심 요인들만 정리해서 Company 파트를 작성했다.
Competitor (경쟁사)	조사 대상	1) 저출력 진동 모듈을 적용한 초소형 마사지기 업체 3곳 2) 발열 관리용 액티브 쿨링 시스템 관련 특허 6건 3) 스마트폰 방열 기술 사례 (그래핀 히트싱크, 히트파이프 등) 분석

	조사 내용	1) 초소형 마사지기 업체들은 200g 이하의 저출력 진동 모듈을 사용해 경량화에 성공 → 출력과 경량화 사이 최적 균형점 확인 2) 스마트폰에서 사용되는 그래핀 기반 히트싱크는 발열 해소에 효과적이며, 무게 증가 없이 적용 가능 → 웨어러블 장치에 적합한 방식으로 보임 3) 웨어러블 기기 외장은 초경량 알루미늄 합금과 열 방출 코팅을 적용해 방열과 무게를 동시에 잡음 타사 제품들과 내가 개선하려고 하는 기술 관련 특허와 케이스 분석을 통해 문제 해결의 실마리로 발견했다.

4P : WHAT + HOW

Product (상품)	결과	450g 이하 경량화된 웨어러블 장치 기능 구현 100% 성공
	결과의 의미	학기 내 성적 우수
Place (위치)	문제해결을 위한 행동	1. 그래핀 히트싱크 방식을 참고하여, 얇은 그래핀 시트를 진동 모듈 외곽에 삽입을 통해 1분 이내 열전달이 되도록 변경. 이를 통해 8시간 연속 사용 시에도 쾌적함 유지 2. 기존 플라스틱 케이스 대신 마그네슘 합금 프레임을 채택하여, 동일한 강도를 유지하면서도 35% 경량화된 외장 제작. 합금 프레임은 표면에 나노 세공 처리를 적용해 땀이나 습기에 강하고, 사용자의 장시간 착용에도 미끄럼 없이 고정 가능 3. 외관의 설계는 곡면 곡선 구조로 변경하여 진동 모듈 작동 시 체감 진동 손실을 40% 감소시킴 규정한 문제 원인들을 해결하기 위한 구체적인 기술 개선 과정을 서술했다.
Price (가격)	생산성을 높인 행동	경량화 및 발열 개선으로 진동 모듈의 효율이 증가하여 20분으로 2배 향상
Pro- motion (마케팅)	소통과 설득을 위한 행동	기존 의자형 허리 마사지기와 비교한 설계 방식과 소재 사용 특징을 정리하여 시연 진행 보고, 논문 자료의 시각화 외에도 시연 또한 좋은 Promotion의 예시가 될 수 있다.

본 챕터의 사례들은 당사자의 사전 동의를 거쳐 가공된 내용을 기반으로 수록되었습니다.

3C4P로 완성한 이공계 자소서 예시 ❷

그래핀 기반 방열과 구조 개선으로
무게를 10% 줄인 기기 개발 성공

❶
경량 기기 개발로 그칠 수 있었던 경험을 기기의 기능이 개발되었을 때 사용할 사람을 고객으로 규정하여 프로젝트와 과제가 시작되는 배경을 비즈니스 관점으로 전달했다.

❷
기기 개발의 문제점을 고객이 불편해할 수 있는 내용으로 전달하여 고객에게 편한 기기 개발이라는 최종 목표가 배경에서 전달된다.

Customer ❶장시간 앉아있는 원격근무자들의 허리 통증을 줄일 수 있는 500g 이하 초경량 허리 스트레칭 장치 개발을 맡은 경험이 있습니다. **Company** 초기 설계 단계에서 가장 큰 문제는 스트레칭 강도를 확보하기 위해 채택한 진동 모듈이 300g에 달해 전체 무게가 기준을 초과했습니다. ❷이로인해 고출력 진동 모듈을 그대로 유지할 경우 장치 전체가 600g 이상이 되었고, 이로 인해 착용 불편과 방열 문제도 함께 발생했습니다. 이를 해결하기 위해 **Competitor** 초소형 마사지기 업체들의 저출력 모듈과 스마트폰 방열 기술 사례를 10건 조사하여, 그래핀 기반 히트싱크와 알루미늄 합금을 통해 무게 증가 없이 발열 해소에 효과적이라는 점을 발견했습니다.

본 챕터의 사례들은 당사자의 사전 동의를 거쳐 가공된 내용을 기반으로 수록되었습니다.

Place ❸이후 진동 모듈 외곽에 얇은 그래핀 시트를 삽입해 1분 이내 열전달이 가능하도록 설계하여 8시간 연속 사용 시에도 발열로 인한 불편을 없앴습니다. 발열 다음으로 무게를 줄이기 위해 기존 플라스틱 프레임 대신 마그네슘 합금을 채택해 동일한 내구성을 유지하면서 외장 무게를 35% 줄였습니다. 합금에는 나노 세공 처리를 적용해 장시간 착용 시에도 땀이나 습기로 인한 미끄러짐을 방지했고, 사용자에게 밀착되도록 고정력을 높였습니다. 추가적으로 외관의 설계를 곡면, 곡선 구조로 변경하여 진동 작동 시 체감 진동 손실을 40% 줄였습니다. **Price** ❹이러한 설계 변화로 진동 모듈의 효율도 향상되어, 동작 20분 만에 목표 스트레칭 효과를 달성해 기존 대비 2배로 개선되었습니다. **Promotion** ❺기존 의자형 마사지기와 비교한 설계 방식과 소재 특징을 정리해 최종 발표 때 시연을 진행했고, **Product** 그 결과 450g 이하 초소형 웨어러블 기기 100% 구현에 성공시킬 수 있었습니다.

❸
3C에서 규정한 경량화, 발열 개선에 초점을 두고 진행한 문제해결 액션을 나열했다. 조사, 분석, 발견의 내용은 배경으로 올리고 이를 적용한 과정으로 두 번째 문단을 구성하여 자소서의 가독성을 높였다.

❹
개선하고자 했던 경량화, 발열을 해결하면서 추가적인 기능 또한 개선된 내용을 통해 투자한 시간, 액션 대비 생산성이 좋아진 액션을 전달했다.

❺
논문, 보고서 대신 직접 시연하는 액션을 통해 Promotion의 정보 전달을 보여주고 있다.

3C4P 예시 | 이공계 사례 ❸ [예측 정확도 개선]

(신입) (졸업프로젝트) (데이터분석) (정확도 개선)

How + Result 요일·기온 변수 이동평균법 처리를 통한 예측 오차 기존 대비 20% 개선

3C : WHY

Customer (고객)	고객	1차 고객: 교내 전기차 충전소를 이용하는 학생 및 교직원 2차 고객: 교내 전기차 충전소 관리 담당자
	고객 니즈	1차 고객 : 특정 시간대마다 충전소 대기 시간을 최소화하여 원활한 충전 가능 2차 고객 : 기상 및 학내 일정 등 외부 변수를 반영한 정밀한 충전 수요 예측 데이터 확보
		직접 만나본 적이 없는 1차 고객, 2차 고객이지만 내가 진행한 연구 결과를 누가 사용하게 될지를 고민해 보면 기술을 제공하는 사람, 기술을 사용하는 사람으로 규정해 볼 수 있다.
Company (자사)	팀 내에서 나의 역할	충전소 운영 수요예측 모델 개발
	목표	교내 충전소 데이터를 활용해 기온, 요일, 학내 일정 등 외부 변수를 반영한 수요예측 모델을 개발하고, 기존 평균 기반 방식 대비 예측 오차(MAE)를 20% 이상 개선
	문제/원인/ 기회 상황	문제: 기존 충전소 운영은 과거 평균 이용량만을 기반으로 스케줄링하여 특정 시간대 대기열 집중 발생에 대한 예측 오차가 허용범위를 뛰어넘음 원인: 기온, 요일(평일/주말), 학내 행사 등의 외부 변수 미반영으로 특정 시간대 급증을 고려하지 못함
		목표를 달성하지 못하게 하는 외부 요인을(기온, 요일, 행사 등 외부 변수) 자사의 문제 상황으로 규정했다.
Com- petitor (경쟁사)	조사 대상	교내 주차장 이용 패턴 분석 관련 선행 과제 5건 캠퍼스 내 버스 혼잡도 예측 캡스톤 사례 3건
	조사 내용	1. 요일별 출근·퇴근 차량 흐름을 고려한 시계열 예측 활용 시 운영 효율이 향상됨 2. 기온과 시간대가 이용량에 큰 영향을 미치기에 요일·시간대 변수 추가와 함께 이동평균법을 적용해 패턴 변동성을 반영이 필요함
		이공계열들이 주로 참고하는 선행과제와 이전의 캡스톤 사례를 조사 대상으로 작성했다.

4P : WHAT + HOW

Product (상품)	결과	예측 오차를 기존 대비 20% 개선
	결과의 의미	모델 정확도 개선 기반으로 매출 수요 상승 예측이 가능하다는 피드백을 받음
Place (위치)	문제해결을 위한 행동	1) 요일·시간대 데이터를 이동평균법으로 처리하여 결측치 구간에서도 예측 안정성을 확보함 2) 기온 변수는 교내 기상대 데이터를 추가해 외부 환경 변동을 반영, 예측 모델의 성능을 향상시킴 3) 교내 일정 데이터를 주차 단위로 재구성한 뒤, 각 일정 유형(예: 시험, 행사, 휴강 등)을 원핫인코딩하여 수요예측 모델의 입력 변수로 반영 예측 안정성을 높이기 위해 Competitor에서 조사했던 내용을 바탕으로 구체적인 액션들을 어떻게 했는지 Place로 전달했다.
Price (가격)	생산성을 높인 행동	기존 변수 클렌징 및 최소화로 모델 학습 시간 50% 단축 모델 학습 시간을 단축시킨 액션을 Price로 작성하여 연구 진행의 시간 효율화 액션으로 전달하고 있다.
Pro- motion (마케팅)	소통과 설득을 위한 행동	충전소 대기열 데이터를 시각화하여 시간대별 혼잡도를 드러내는 색을 추가하여 한눈에 볼 수 있는 웹 기반 시뮬레이터를 제작함 이공계열에서 Promotion은 내가 진행한 연구 내용을 시각화하는 방법으로 구성해 볼 수 있다.

본 챕터의 사례들은 당사자의 사전 동의를 거쳐 가공된 내용을 기반으로 수록되었습니다.

3C4P로 완성한 이공계 자소서 예시 ❸

요일·기온 변수 이동평균법 처리를 통한
예측 오차 기존 대비 20% 개선

❶
단순히 예측 오차만 개선하는 것이 아닌, 오차 개선을 통해 안정적인 충전소 운영이라는 조직의 최종 목표를 전달하여 비즈니스 관점을 함께 보여주고 있다.

❷
조사 대상이 더 있었지만 현재 충전소와 관련된 대상으로만 집중하여 발견한 내용을 작성했다.

Company ❶교내 전기차 충전소 프로젝트를 진행하면서 충전소의 대기열 발생을 예측하여 안정적인 충전소 운영을 목표로 했으나, 특정 시간대에 데이터가 정확히 반영되지 않아 오차의 허용범위를 뛰어넘는 결괏값이 반복적으로 발생했습니다. 문제 분석을 통해 기존 충전소 운영이 과거 평균 이용량에만 고려하여 스케줄링 되기에 변수로 규정되지 않은 데이터가 반영되지 않아 충전을 하지 못하는 Customer 사용자들의 불편함이 예상되었습니다. Competitor ❷이를 해결하고자 이전에 주차장 관련으로 이용 패턴을 분석한 과제와 혼잡도 관련 캡스톤 사례를 참고하여 계절, 요일별, 출/퇴근 차량 흐름을 고려한 시계열 예측과 미리 예상되는 변수를 추가하는 방식이 가장 효과적이라는 것을 알게 되었습니다.

본 챕터의 사례들은 당사자의 사전 동의를 거쳐 가공된 내용을 기반으로 수록되었습니다.

Place ❸가장 먼저, 이전의 선행 과제와 요일/시간대별 방문객 데이터를 이동평균법으로 처리하여 기존 충전소 데이터의 결측 구간에서 예측이 가능하도록 변경했습니다. 기온 변수의 경우 계절별 기온 데이터를 연동해 외부 환경의 영향이 반영되도록 처리했습니다. 추가적으로 교내 일정 데이터를 주차 단위로 재구성한 뒤, 각 일정 유형을 원핫인코딩하여 수요예측 모델의 입력 변수로 반영했습니다. **Price** 또한 기존의 클렌징 되지 않은 변수 수를 통합 및 최소화하여 모델 학습 시간을 기존 대비 50% 단축시켜 전체 데이터 분석의 시간을 줄일 수 있도록 진행했습니다. **Promotion** 실시간 충전소 관리를 위해 충전소 대기열 데이터를 시각화하여 시간대별 혼잡도를 컬러로 보여주는 웹 기반 시뮬레이터를 제작했습니다. **Product** ❹그 결과, 기존 대비 오차를 20% 개선시키게 되어 특정 구간이나 변수가 발생하더라도 충전소가 안정적으로 운영될 수 있게 되었습니다. 수요 예측 안정성에 대한 신뢰도를 인정받아 최종적으로 매출 수요 상승 예측에도 기여가 가능하겠다는 피드백을 받을 수 있었습니다.

❸
반영이 되지 않은 변수들이 처리될 수 있도록 요인별로 구체적으로 처리한 내용을 전달했다.

❹
직무 KPI에 매칭되는 최종 결과물인 오차 감소를 Product로 제시하고 이후에 오는 사이드 이펙트로 비즈니스에 기여할 수 있는 아이디어로 인정받은 내용을 전달했다.

3C4P 예시 | 이공계 사례 ❹ [불량률감소]

(신입) (동아리) (품질관리) (불량률감소)

How + Result 사전 테스트와 인식 조건 개선으로 인식기 불량률 2% 달성

3C : WHY

Customer (고객)	고객	1차 고객: 학교 축제에 참여한 학생 및 외부 방문객 2차 고객: 학교 축제 운영위원회 및 입장 관리 스태프
	고객 니즈	1차 고객: 티켓 스캔 시 오류 없이 빠르게 입장할 수 있는 원활한 경험 2차 고객: 입장 대기열 혼잡을 줄이기 위해 티켓 인식률 99% 이상 달성
		학교 축제 경험도 1차 고객과, 2차 고객을 규정해 본다면 충분히 비즈니스 관점에서 전달될 수 있다.
Company (자사)	팀 내에서 나의 역할	티켓 스캐너 테스트 프로세스 설계
	목표	티켓 스캐너 인식 불량률을 기존 대비 90% 감소시켜, 입장 대기열 혼잡 해소
	문제/원인/ 기회 상황	문제: QR코드 인식 불량으로 입장 시 스캐너 오류가 자주 발생, 입장 대기열이 길어짐 원인: 티켓 인쇄 시 QR코드 해상도 저하 및 여백 부족, 그리고 스캐너 기종별 인식 속도 차이로 오류 발생
		당시 문제를 품질관리 KPI 관점에서 불량률로 접근하여 직무 관련 경험으로 전달하고 있음이 드러난다.
Com- petitor (경쟁사)	조사 대상	1) QR코드 디자인 가이드라인 및 인식 최적화 사례 10건 2) 입장 스캐너 기기별 성능 비교 관련 기술자료 5건
	조사 내용	1) QR코드 해상도를 높이고 여백(Margin) 값을 확대할 경우 적용해 스캐너 인식률을 90%까지 끌어올릴 수 있음 2) 명암 대비(Contrast Ratio)가 낮으면 인식률이 크게 떨어질 수 있음 3) 특정 모델이 다양한 각도에서 인식 오류를 덜 발생시키는 것을 발견
		타사와 앞선 대상을 조사한 내용으로 문제해결 포인트의 인사이트를 작성했다.

4P : WHAT + HOW

Product (상품)	결과	QR코드 인식 불량률을 2%로 감소시킴
	결과의 의미	축제 만족도 최우수 평 피드백 받게 됨
		불량률 개선을 결과로 두고 이로 인한 사이드 이펙트로 최우수 평가에 대한 내용을 결과의 의미로 전달했다.
Place (위치)	문제해결을 위한 행동	1. 티켓 QR코드 해상도를 300dpi에서 600dpi로 상향하고, 최소 여백(Margin)을 2mm → 4mm로 확대 적용하여 스캐너가 주변 패턴에 간섭받지 않도록 개선 2. QR코드 명암비를 1:3에서 1:6으로 조정해 스캐너의 Contrast Ratio 요구조건을 충족시켰으며, 이를 통해 저조도 환경에서도 대비도 오류를 줄임 3. 축제 입구별로 사용 중인 스캐너 4종을 동일 각도(30°, 45°, 60°) 및 거리(10cm~50cm)에서 반복 테스트한 결과, 특정 각도 및 거리 변화에 민감하지 않은 모델을 해당 입구에 재배치 스캔 각도 및 거리 편차로 인한 불량률을 낮춤
		디자인 가이드라인과 기기별 기술자료를 통해 조사한 내용을 기반으로 구체적인 해상도 조건, 여백 조건, 명암비, 각도를 작성하여 액션의 구체성을 더했다.
Price (가격)	생산성을 높인 행동	사전 테스트를 통해 불량 개선으로 인력 배치 이전 대비 20% 감축
		불량으로 인해 인력 비효율이 발생할 수 있었던 내용을 인력 효율화를 개선한 내용으로 Price를 작성했다.
Pro-motion (마케팅)	소통과 설득을 위한 행동	QR코드 인쇄 가이드라인, 스캐너 각도에 대한 가이드를 매뉴얼로 정리하여 축제팀에 배포
		문제해결이 된 내용을 혼자서 알고 끝내지 않고, 어떻게 해야 잘 실행할 수 있을지 가이드를 작성한 내용을 공유한 내용을 Promotion으로 전달했다.

본 챕터의 사례들은 당사자의 사전 동의를 거쳐 가공된 내용을 기반으로 수록되었습니다.

3C4P로 완성한 이공계 자소서 예시 ❹

사전 테스트와 인식 조건 개선으로
인식기 불량률 2% 달성

❶
내부 시스템의 문제로 1차 고객에게 발생한 문제를 자소서의 첫 시작으로 제시하고 있다.

❷
근본적으로 발생한 기기의 문제를 해결할 수 있는 대상을 조사 대상으로 정하고, 발견한 내용을 작성했다.

Customer/Company ❶학교 축제 당시 입장 티켓의 QR코드가 스캐너에 잘 인식되지 않아 입구에서 입장이 지연되는 일이 반복되었습니다. 이로 인해 학생과 외부 방문객의 대기 시간이 길어졌고, 입장 관리 스태프는 오류 발생 시마다 수동으로 확인하느라 업무 부담이 컸습니다.

Competitor ❷이 문제를 해결하기 위해 QR코드 디자인 기준과 스캐너 인식 관련 자료 총 15건을 조사했습니다. 조사를 통해 여백과 해상도, 명암 대비와 각도 조절이 인식 오류를 낮추는 데 도움이 된다는 것을 발견했습니다.

본 챕터의 사례들은 당사자의 사전 동의를 거쳐 가공된 내용을 기반으로 수록되었습니다.

Place ❸인식률 개선을 위해 티켓 QR코드를 기존 300dpi였던 해상도를 600dpi로 변경하고, QR코드 주변 여백도 2mm에서 4mm로 늘렸습니다. 색상 조합도 변경해 명암비를 1:3에서 1:6으로 높였고, 이를 통해 저조도 환경에서도 스캔이 잘되도록 했습니다. 입구별로 사용 중인 스캐너 4종을 3가지 각도(30°, 45°, 60°)와 5가지 거리(10~50cm) 조건에서 반복 테스트한 후, 각도나 거리 변화에 영향이 적은 기기를 입구에 배치했습니다. Price ❹사전 테스트 기반으로 입장 스태프를 총 4개 입구 기준으로 인력 4명을 줄여 인력을 이전 대비 20% 줄였습니다. Promotion ❺사전 테스트를 통해 발견한 예외 문제 사항과 돌발 상황 발생 시 가이드라인과 최적의 스캐너 사용 시 각도·거리 조건을 정리한 매뉴얼로 제작하여 설명을 진행했습니다. 해당 문서를 축제 운영팀과 입장 관리 스태프들이 사전 테스트 때와 동일한 조건으로 일관되게 운영될 수 있도록 했습니다. Product 그 결과 축제 당일 QR코드 인식 불량률은 2%로 감소시킬 수 있었고 전체 입장자 약 1,200명 중 91%가 입장 과정에 대해 '매우 만족'이라고 응답하여 내부 평가에서 입장 운영 항목이 가장 높은 점수를 받았습니다.

❸ 기기가 잘 인식되기 위한 구체적인 조건들이 전달되어 지원자가 공을 들인 액션이 잘 드러난다.

❹ 인력을 줄인 내용을 생산성 개선 액션으로 전달했다.

❺ 변경된 내용과 돌발 상황 방지를 위한 가이드라인을 사용할 스태프에게 설명하고 안내했다는 점을 통해 의사소통이 뛰어난 지원자임을 보여준다.

3C4P 예시 | **공기업 사례 ❶** [민원감소]

(신입) (학교경험) (사무 행정) (민원감소)

How + Result   신청 프로세스 다중채널 안내로 민원 60% 감소

3C : WHY

Customer (고객)	고객	1차 고객: 교내 장학금 신청 대상 재학생 2차 고객: 학생지원팀 행정 담당자
	고객 니즈	1차 고객: 신청 기한과 서류 요건에 대해 명확히 안내받고, 누락 없이 장학금을 신청할 수 있는 원활한 절차 제공 2차 고객: 반복 문의 및 민원을 줄여 신청 기한 내 행정 처리 효율화
		단순히 서류 처리를 했던 경험이라고 생각한다면 고객을 생각하기 어렵지만 서류를 제출하는 장학금을 신청하는 재학생을 1차 고객으로 규정해서 1차 고객을 돕기 위한 2차 고객까지 잘 규정했다.
Company (자사)	팀 내에서 나의 역할	총무팀 근로 장학생으로서 장학금 신청 관련 민원 처리 및 안내 프로세스 개선 담당
	목표	장학금 신청 관련 민원 건수를 한 학기 기준 기존 대비 50% 감소
	문제/원인/ 기회 상황	**문제:** 장학금 신청 기간마다 서류 누락, 신청 기한 오인 등으로 민원이 한 학기 평균 80건 발생 **원인:** 신청 안내가 교내 홈페이지 게시판에만 공지되어 학생들이 기한과 요건을 놓치는 사례 빈번
		신청 안내가 일관성 없이 전달되어 발생한 민원을 업무 프로세스 비효율 문제로 전달했다.
Com- petitor (경쟁사)	조사 대상	타 부서 문의가 가장 적은 곳 TOP 5 동료 근로 장학생들 조사
	조사 내용	1) 홈페이지에 알리더라도 신청 마감 3일 전·1일 전에 문자와 카카오 채널 알림을 병행하는 것이 필요함 2) 학생들이 놓치는 서류가 많기 때문에 제출 전 체크리스트를 구비해두는 것이 좋음 3) 홈페이지 말고 교내 건물 1층 포스터를 가장 많이 본다는 것을 알게 됨
		직접적인 경쟁대상이 아니지만 규정한 문제를 해결하기 위해 어떤 곳을 조사해야 할 지 초점을 잘 잡았다.

4P : WHAT + HOW

Product (상품)	결과	장학금 서류 준비 관련 민원 건수를 기존 80건 → 32건으로 60% 감소
	결과의 의미	장학금 기한 내 신청으로 수령자 증가
Place (위치)	문제해결을 위한 행동	1. 신청 마감 5일 전, 1일 전에 문자(SMS)와 카카오 채널 알림에서 "D-5, D-1"를 강조하여 문자/메시지 열람률 5% 상승 2. 필수 서류 항목을 한눈에 볼 수 있는 체크리스트를 제작해 교내 홈페이지와 신청 창구에 비치하여 서류 누락 건으로 인한 민원 30% 감소 3. 신청 기간과 절차를 시각화한 포스터와 상세 내용 알아보기 QR 코드를 교내 주요 게시판과 홈페이지에 게시하여 이전 대비 게시글 조회수를 높임 산발적인 안내와, 그간 학생들이 잘 놓치는 부분을 분석하여 개선한 내용을 구체적인 숫자와 함께 제시해서 액션의 신뢰도를 높였다.
Price (가격)	생산성을 높인 행동	서류 동시 작성/제출을 하는 프로세스로 중도 미제출자 0명 달성 → 서류 재작성 시간 0시간 달성 중도 미제출자에게 다시 연락하고, 소통해야 하는 일이 줄어들게 되면서 업무 시간을 단축한 내용을 Price로 전달했다.
Pro- motion (마케팅)	소통과 설득을 위한 행동	한 페이지로 보는 신청 매뉴얼을 만들어 장학금 문의로 방문하는 학생들에게 전달함

본 챕터의 사례들은 당사자의 사전 동의를 거쳐 가공된 내용을 기반으로 수록되었습니다.

3C4P로 완성한 공기업 자소서 예시 ❶

신청 프로세스 다중채널 안내로
민원 60% 감소

❶
당시 내가 맡았던 업무와, 발생한 문제를 고객과 함께 전달하여 자소서의 첫 시작을 잘 작성했다.

❷
동료들을 인터뷰한 내용을 통해 구체적으로 발견한 내용을 인사이트로 전달했다.

Customer/Company ❶학생 지원팀에서 재학생 대상으로 교내 장학금 서류를 접수하던 당시 신청 기간 마다 서류 누락과 신청 기한에 대한 잘못된 정보로 한 학기 평균 80건의 민원이 발생했습니다. 반복되는 민원으로 부서 내 업무가 진행되지 않았기에 장학금 관련 민원을 50% 줄이는 것을 목표로 했습니다. **Competitor** 다른 서류를 처리하지만, 평균 민원 건수가 가장 적게 접수되던 TOP 5 부서의 동료들을 인터뷰 했습니다. ❷이를 통해 학생들에게는 1회 공지로는 안내가 부족하기에 마감 기한 기준으로 여러 번 안내하는 것과, 서류 구비가 쉽지 않기에 체크리스트를 준비하여 스스로 확인할 수 있도록 하는 것이 효과적이라는 것을 알게 되었습니다.

본 챕터의 사례들은 당사자의 사전 동의를 거쳐 가공된 내용을 기반으로 수록되었습니다.

Place ❸이후 2학기 장학금 신청 기간에 홈페이지 공지 외에도 전체 학생들에게 "D-5, D-1" 메시지를 문자와 카카오 채널로 발송해 열람률을 5% 대로 높였습니다. 또한 서류를 제출하는 학생들이 방문할 때는 사전에 필수 서류 체크리스트를 제작해 신청 창구와 홈페이지에 비치하여 누락 건으로 인한 민원을 30% 줄였습니다. 학교 수업을 듣는 학생들이 가장 많이 보게 되는 1층 교내 게시판에 신청 기간과 절차를 시각화한 포스터와 QR코드를 게시해 게시글 조회 수를 높였습니다. **Price ❹**서류를 작성을 중단하는 건수가 발생하지 않도록 서류를 동시에 작성·제출할 수 있도록 세팅하여 안내해 중도 미제출자 0명을 달성했고 이를 통해 재작업 시간을 0시간으로 줄였습니다. **Promotion** 추가적으로 온라인 대신 직접 방문으로 문의하러 오는 학생들을 위해 한 페이지로 구성된 신청 매뉴얼을 제작해 현장 안내 시간을 절약했습니다. **Product ❺**그 결과, 장학금 서류 준비 관련 민원 건수를 기존 80건에서 32건으로 60% 줄일 수 있었고, 장학금 수령자 증가에 기여할 수 있었습니다.

❸ Competitor에서 발견한 내용을 기반으로 Company에서 규정한 문제해결을 위한 액션을 구체적으로 전달했다.

❹ 재작업 시간을 줄이게 된 내용을 전달하여 시간 효율화 액션을 Price로 전달했다.

❺ 고객의 어려움을 고객 관점에서 해결하여 민원이 감소된 내용을 전달하여 직무 KPI와 연결된 내용으로 최종 마무리를 했다.

3C4P 예시 | 공기업 사례 ❷ [실적향상]

(신입) (인턴) (사무 행정) (실적향상)

How + Result	고령층/대상자 맞춤형 신청 프로세스 개선으로 수혜 대상자 목표 대비 2배 달성

3C : WHY

Customer (고객)	고객	1차 고객: 지역 복지관 서비스를 이용하는 취약계층 주민(어르신, 한부모 가정 등) 2차 고객: 복지관 운영진 및 지자체 복지행정팀
	고객 니즈	1차 고객: 필요한 복지 서비스를 놓치지 않고 적시에 지원받을 수 있는 접근성 높은 안내 2차 고객: 예산 대비 최대한 많은 주민에게 서비스를 제공해 복지관 운영성과 향상
		1차 고객을 복지관의 서비스를 받을 수 있는 대상자로 규정하고, 2차 고객을 수혜를 받을 수 있는 대상자들에게 서비스를 제공해 주는 복지관 운영진과 행정팀으로 작성했다.
Company (자사)	팀 내에서 나의 역할	OO 복지관 긴급지원팀에서 서비스 운영 담당
	목표	복지관 프로그램 수혜 대상자 기존 대비 30% 증가로 실적 달성
	문제/원인/ 기회 상황	**문제:** 대상 주민의 40%가 프로그램 혜택을 받지 못해 예산 미집행 및 서비스 공백 발생 **기회:** 찾아가는 서비스 신청 도우미 지원이 발생하여 거동이 불편하신 분들의 신청을 모두 받을 수 있음
		서비스를 신청이 저조한 요인을 고객의 거동 불편이라는 요인으로 규정했다.
Competitor (경쟁사)	조사 대상	전년도 우수 사례 발표 케이스 10개
	조사 내용	1) OO동의 경우 취약계층 거주 비중이 높은데 이럴 경우 아무리 안내해도 직접 신청이 불편해서 직접 만나서 설명한 후 동의서를 받는 것이 효과적임 2) 모바일은 고령자들에게 불편하기에 방문을 유도해서 형광펜으로 필수 항목만 작성하게 하는 것이 노하우임
		복지관의 경쟁사를 이전에 우수 사례 발표로 선정된 기관으로 전달했다.

4P : WHAT + HOW

Product (상품)	결과	수혜 대상자 목표 대비 2배 증가
	결과의 의미	상반기 최다 수혜 지급 기관으로 선정됨

Place (위치)	문제해결을 위한 행동	1) 취약계층 거주 비중이 높은 지역을 우선 선정해 찾아가는 서비스 도우미를 파견, 현장에서 주민과 직접 상담 후 신청 동의서를 받아냄 2) 직접 방문하시는 분들을 위해 신청서 작성 시 형광펜으로 필수 항목만 표시해 누락 정보 없이 고령층의 신청서 정보 누락률을 절반 이하로 감소시킴 3) 대상자 중 신청 완료 여부를 시스템에 실시간 반영하여 기한 내 접수가 안 되신 분들을 날짜별로 배분하여 접수 완료 진행함 우수사례 조사를 통해 발견한 내용을 착안하여 서비스를 신청에 도움이 되는 구체적인 해결 액션들을 작성했다.

Price (가격)	생산성을 높인 행동	신청 누락으로 발생하던 예산 미집행 비율을 기존 20% → 5%로 감소시켜 프로그램 운영 효율화 달성 신청자 증가 외에 집행 미집행 비율을 감소시킨 내용으로 자원의 효율화 관점에서 생산성 액션을 서술했다.

Promotion (마케팅)	소통과 설득을 위한 행동	오시는 어르신들마다 "어르신 5분만 내주세요!"라고 말씀드려서 사업 신청 안내를 신청 기간 10일 동안 알림 직접 방문하는 고객들이 놓치지 않도록 소통한 액션을 Promotion으로 전달했다.

본 챕터의 사례들은 당사자의 사전 동의를 거쳐 가공된 내용을 기반으로 수록되었습니다.

3C4P로 완성한 공기업 자소서 예시 ❷

고령층/대상자 맞춤형 신청 프로세스 개선으로
수혜 대상자 목표 대비 2배 달성

❶
당시 자사의 목표 달성이 어려운 상황을 고객 관점에서 문제와 원인을 전달하고 있다.

❷
타 기관을 선택한 근거를 전년도 우수사례라는 점을 전달해서 앞서고 있는 대상을 기준으로 문제 해결 방법을 위한 인사이트를 발견한 점을 서술했다.

Company 지역 복지관에서 인턴을 하면서 취약계층 대상 서비스를 진행했습니다. ❶당시 복지 프로그램 참여자들을 이전 대비 30% 증가하는 것을 목표로 했으나 직접 신청해야 하다 보니 **Customer** 거동이 불편한 대상자들이 신청을 놓치는 경우가 발생했습니다. **Competitor** ❷전년도 우수사례 10건을 조사한 결과 취약계층 비중이 높은 지역은 안내만으로 신청이 어려우므로 직접 방문해 설명하고 동의서를 받는 것이 효과적이며, 서비스 신청 도우미 제도를 활용하는 것이 좋을 것 같다는 인사이트를 얻었습니다. 또한 모바일의 경우 고령층이 잘 이용하지 못하기에 형광펜으로 필수항목을 표시해 작성 부담을 낮추는 방법이 유효하다는 점을 확인했습니다.

Place ❸가장 먼저 서비스 도우미 제도를 신청하여 총 2주 동안 서비스 도우미를 파견했습니다. 도우미분들을 통해 직접 방문한 취약계층 대상으로 신청 동의서를 받았습니다. 복지관을 매일 방문하시는 분들이 고령층이라는 것을 고려하여 신청서에 미리 형광펜으로 필수 항목들을 표시해 누락이 발생하지 않도록 했습니다. 이를 통해 고령층의 신청서 정보 누락률을 절반 이하로 줄였습니다. 또한 신청 완료 여부를 매일 실시간 반영하여 대상자 중, 기한 내 접수가 안 되신 분들을 날짜별로 재 배분하여 접수를 받아낼 수 있도록 프로세스를 변경했습니다. **Promotion** 신청 마감 10일 전에는 오시는 어르신들 마다 "5분만 내주세요!"라고 말씀드려서 고령층 신청률을 높였습니다. **Price** 이를 통해 신청 누락과 대상자를 확보하게 감소하게 되면서 예산 집행 비율이 15% 상승하게 되었습니다. **Product** ❹그 결과, 최종적으로 복지 프로그램의 수혜 대상자를 목표했던 30%보다 2배 증가한 60% 이상으로 증가시킬 수 있었습니다. 이러한 실적을 인정받아 상반기 최다 수혜 지급 기관으로 선정되는 성과를 얻었습니다.

❸
신청서를 확보하기 위해 실행한 액션들을 구체적으로 서술했다. 도우미 파견, 서류 준비, 시스템 반영이라는 액션을 고객이 불편해했던 내용 기반으로 해결해 나갔다는 점이 돋보인다.

❹
수혜 대상자 확보라는 일관성을 가진 자소서로 마무리하고 있다.

3C4P 예시 | **공기업 사례 ❸** [정확도향상]

(신입) (정규입사) (사무 행정) (정확도향상)

How + Result 알림톡 도입으로 검진 보고자료 오류 5% 미만 달성

3C : WHY

Customer (고객)	고객	1차 고객: 건강검진 대상자 2차 고객: 경영진 및 정책 결정자
	고객 니즈	1차 고객: 건강검진의 필요성을 명확하게 인지하고 쉽게 접근할 수 있도록 안내 필요 2차 고객: 신뢰할 수 있는 데이터를 기반으로 정책 개선 및 검진 독려 전략 수립
		내가 제공하는 건강검진 서비스를 받을 대상자와 건강검진 서비스를 개선시키는 대상인 경영진을 고객으로 잘 분류하였다.
Company (자사)	팀 내에서 나의 역할	건강검진 관련 행정 업무 담당
	목표	보고자료 검진 정확도 개선
	문제/원인/기회 상황	**문제:** 기존 보고 자료의 검진율이 최대 12% 차이가 나며, 검진 대상자가 지속적으로 혼란을 겪음 **원인:** 검진자들의 검진 주기 인지 부족과 일정 안내에 대한 소통이 부족했음
		보고자료 검진의 정확도를 떨어뜨리는 원인을 서비스를 받는 참여자들이 불편해하는 소통이 부족했던 점으로 정리했다.
Competitor (경쟁사)	조사 대상	국내 우수 검진 관리 기관 관리 프로세스
	조사 내용	1) 검진 안내 시 검진 주기에 대해 잊지 않도록 카카오톡 알림 톡 서비스로 알림 확인 접근성을 높여 관리함 2) 검진 파트별 일정 혼선을 최소화하기 위해 정리하여 안내 진행
		직접적인 경쟁사가 없는 공기업의 경우 타 지사나 센터가 경쟁사의 대상이 될 수 있다.

4P : WHAT + HOW

Product (상품)

결과	검진대상자 오류 5% 미만으로 감소
결과의 의미	데이터 정확도 개선으로 보고서 신뢰도 회복

Place (위치)

문제해결을 위한 행동	1) 검진 안내문 내 '매년' 문구 추가 및 채변 키트 동봉하여 정보 전달력 강화 2) 알림톡 연결을 통해 일정을 확인하고 안내 사항을 볼 수 있도록 프로세스 연결 3) 검진 시점을 조회할 수 있게 알림톡 전달 시 마지막 검진일이 언제인지 추가하여 안내 진행 문제가 되었던 소통방식을 고객 중심의 액션으로 구체화 시켰다.

Price (가격)

생산성을 높인 행동	일정 안내에 대한 문의 감소 이전 대비 2배 감소 고객이 불편해했던 내용을 해결하면서 문의가 감소된 점을 생산성 개선으로 작성했다.

Pro-motion (마케팅)

소통과 설득을 위한 행동	검진내역 별 미리 준비해야 할 사항을 한달 전, 2주 전, 하루 전으로 전달

본 챕터의 사례들은 당사자의 사전 동의를 거쳐 가공된 내용을 기반으로 수록되었습니다.

3C4P로 완성한 공기업 자소서 예시 ❸

알림톡 도입으로 검진 보고자료 오류 5% 미만 달성

Company ❶검진율 보고 자료의 수치가 실제 검진 데이터와 최대 12% 차이가 발생하는 문제가 있었습니다. **Customer** ❷이는 검진 대상자들의 실제로 참여했으나 검진 주기 인지 부족과 일정 안내 미흡으로 인해 재참여해야 하는 상황이 발생하면서 부정확하게 집계되었기 때문입니다. **Competitor** 국내 우수 검진 관리 기관의 프로세스를 조사한 결과, 접근성이 좋은 안내 플랫폼을 활용하여 접근성을 높이고, 검진 일정 혼선을 방지하기 위한 프로세스가 필요하다는 것을 발견했습니다.

---

❶ 당시 처했던 자사의 상황을 3C 내용으로 먼저 제시했다.

❷ 문제 발생의 원인을 고객이 불편해했던 점으로 전달하여 고객 관점에서 문제해결이 필요함을 전달하고 있다.

본 챕터의 사례들은 당사자의 사전 동의를 거쳐 가공된 내용을 기반으로 수록되었습니다.

Place ❸이에 따라 검진 데이터 정확도를 개선하기 위해 검진 안내문의 정보 전달력을 개선했습니다. 대상자들이 검진 주기를 인식할 수 있도록 '매년'이라는 문구를 추가했습니다. 특히 재안내가 많이 발생했던 검진 시 필요한 채변 키트를 동봉하여 대상자가 검진 주기를 명확히 인지할 수 있도록 했습니다. 또한, 일정 혼선을 줄이기 위해 알림톡을 활용한 자동 안내 시스템을 도입하여 검진 일정을 확인하고 주요 안내 사항을 사전에 숙지할 수 있도록 개선했습니다. 최종적으로 검진 시점을 조회할 수 있게 알림톡 전달 시 마지막 검진일이 언제인지 추가하여 확인할 수 있게 문구를 구성했습니다. 마지막으로 **Promotion** ❹검진 내역별 준비 사항을 한 달 전, 2주 전, 하루 전에 걸쳐 단계적으로 안내하여 검진 참여율을 높이고, 데이터 누락을 최소화할 수 있도록 했습니다. 그 결과, **Price** 일정 안내 관련 문의 건수가 기존 대비 2배 감소하며 검진 데이터의 집계 정확성이 향상되었고, **Product** 검진율 오류가 5% 이내로 줄어들어 보고서의 신뢰도를 개선할 수 있었습니다.

❸
단순히 알림을 도입으로만 그쳤다면 아쉬운 액션이었겠지만 고객에게 혼선을 주지 않기 위한 프로세스 개선에 대한 내용으로 문제 해결 액션을 전달했다.

❹
고객들에게 반복 알림을 한 내용을 Promotion으로 언급하고 있다.

3C FAQ

Q. Customer에서 재무, 경영지원, 협력사, 대행업체처럼 부서나 기관을 상대로 한 경험에서는 1차 고객을 누구로 봐야 할까요?

A. 우선 가장 먼저 떠오르는 대상을 고객으로 작성해보자. 2차 고객으로 정의한 대상을 작성한 후 2차 고객은 누구를 도와주는 사람들인지 생각해보도록 하자. 내가 직접적으로 만나진 않더라도 재무팀의 최종 소비자, 협력사의 최종 고객, 대행업체의 최종 고객이 누구일지 생각해본다면 1차 고객이 비교적 쉽게 떠오를 수 있다. 너무 어려운 경우 AI를 통해 예시를 추천 받아 찾아보도록 하자.

Q. Company에 작성할 문제가 많은데 전부 다 작성하면 되나요?

A. Company에는 모든 문제를 작성할 필요는 없다. 목표 달성을 위해 가장 우선적으로 해결해야만 했던 문제 1-2가지를 정리해서 작성해보도록 하자. 모든 문제를 작성하게 된다면 자소서의 일관성이 깨질 수 있으니 주의하자.

Q. Company의 문제 상황으로 야근이 많았다, 지식이 부족했다, 사람이 없었다 등도 해당 될 수 있나요?

A. 목표를 달성하기 위해 가장 핵심적으로 해결되어야 할 문제가 뭔지 생각해보자. 직접적인 문제가 잘 떠오르지 않는다면 우선 떠오르는 문제를 모두 작성해보고 소거를 하는 것도 좋은 방법이다. 당시 상황 자체를 떠올리는 것이 아닌 주어진 도전과제와 어떤 문제를 해결했는지에 집중하여 문제를 규정해보자.

Q. Competitor에서는 내가 조사한 내용을 모두 다 넣어도 되나요?

A. Company의 문제와 마찬가지로, 모든 내용을 작성하기 보다 내가 처했던 문제를 해결하기 위해 가장 도움이 되었던 조사 대상과 발견한 내용이 무엇인지 2-3줄 정도로 작성해보자. 조사만 하고 적용하지 못한 내용을 모두 적는 경우, 뒤에서 작성할 4P 액션과 연결성이 떨어져 적용점이 없는 내용으로 그칠 수 있다.

Q. Competitor는 꼭 있어야 하나요? 조사한 대상이 없습니다.

A. 조사한 대상이 없다면, 이전에 내가 한 액션이나 다른 사람의 결과물이 어땠는지로 접근해보자. 비교대상을 발견하는 것이 중요한 파트이다. 나보다 앞선 대상, 이전에 내가 한 액션에서 개선점이나 적용해볼 포인트를 찾을 수 있다면 충분하다.

4P FAQ

Q. Product와 Place의 차이를 모르겠어요

A. Product는 결과물 즉, 직무 KPI이다. 예를 들어 카페에서 매출을 높인 경험이라면, 상승한 매출액이 Product가 되는 것이고, Place는 이를 위해서 내가 가장 애썼고 강조하고 싶은 액션 한 가지를 작성하는 것이다. 카페의 경우라면, 신메뉴 출시라던가, 프로모션을 기획했다거나 하는 부분이 여기에 해당한다고 봐야 한다. 즉 product에 가장 영향을 준 문제 해결 포인트이기 때문에 하부에 속하는 액션이라고 보면 된다.

Q. 그러면 Price와 Promotion과 겹치지 않나요?

A. 겹칠 수 있다. 이건 경험에 따라 다를 수 밖에 없는데, 어떤 경험은 price 영역을 해결해서 성과를 낼 수도 있고, promotion 영역을 해결해서 성과를 낼 수도 있다. 핵심은 성과를 내는데 가장 핵심적인 영역이었던 것을 place로 정리하고, 그 정도는 아니지만, 생산성을 높이는데 사용한 도구나 기술 등을 price로 표현하고, 상대방을 설득하고 협상해 내기 위해서 한 액션들을 promotion이라고 생각하면 된다. 즉, 이런 구조로 설명할 수 있다.

Q. 논문을 분석한 것도 Place에 적을 수 있나요?

A. 이 부분이 많이 헷갈려하는 영역인데, 특히 이공계의 경우 주로 논문 분석을 통해 문제를 해결하는 경우가 많다. 그렇지만, 논문을 찾는 것은 4P가 아니라 3C에 해당한다. 나의 문제 해결을 위해서 조사를 하는 경우이지, 논문을 조사한다고 해서 바로 문제 해결이 되는 것은 아니다. 어떤 논문을 얼마나 조사했는가는 3C 분석에서 제시하고, 거기서 찾은 적용점을 어떻게 풀어냈는가가 4P에 작성할 내용이다. 면접관 입장에서는 논문이 아니라, 어떻게 문제를 해결했는지 디테일이 궁금한 것이기 때문이다.

Q. Product에 명확한 숫자가 없으면 어떻게 하나요?

A. 이 경우는 경험리스트업 단계로 다시 돌아가야 한다. 직무 KPI로 연결이 안되면 이건 필살기로 사용할 수 없다. 앞단에서 결과물을 매칭하는 단계로 다시 돌아가고, 도저히 정리가 안된다면, 이 경험을 분해 하는 것은 큰 의미가 없을 수도 있다. 다만, 분명한 직무 유사 경험이라면 이건 밑살기에 해당하므로, 성장 과정이나 지원 동기 문항에 사용하는 용도로 분류하면 된다.

Q. 각각 액션에서 제가 직접 하지 않은 액션도 적어도 되나요?

A. 내가 직접적으로 하지 않았더라도 하나의 팀이나 부서에서 나의 의견, 아이디어로 인해 간접적으로 진행이 되었다면 액션으로 작성 해봐도 괜찮다. 비즈니스 현장에서는 혼자가 아닌 팀으로 일하기에 내가 직접 수행한 액션이 아니더라도 문제 해결을 위해 관련된 액션이라면 작성해 보도록 하자.

Q. Place, Price, Promotion에 그동안 했던 모든 액션을 나열하면 되나요?

A. 경험을 하다보면 여러 가지 액션을 하기 마련이다. 하지만 3C4P에서는 모든 행동을 나열하는 것이 아니라 결과물, 즉 성과에 영향을 끼친 핵심적인 액션을 적는 것이 중요하다. 예를 들어 자료 분석, 시장조사, 콘텐츠 기획, 재료 테스트, 홍보 채널 개설, 민원 응대와 같이 단어만 봤을 때 당연해 보이는 행동을 나열하게 되면 전달력과 경쟁력이 떨어지게 된다. 당연해 보이는 액션도 시장조사를 통한 OO 아이템 발굴, 5초 만에 이목을 끄는 콘텐츠 기획과 같이 표현해 보자.

Q. Place와 Price 모두 HOW인데 어떻게 구분해야 할까요?

A. 4P 프레임에서 각각의 항목을 완벽하게 정확하게 분류하는 것이 아니라, 여러분의 행동과 결과를 더욱 명확히 구체화하는 데 목적이 있다. 아무리 봐도 Place 같거나 Price처럼 보인다면 이를 구분하기 위해 시간과 에너지를 쓰는 대신, 나의 액션이 중복 없이 정리될 수 있도록 작성한 후 결과물(Product)이 드러나도록 작성해 보도록 하자.

Q. Price, Promotion 없으면 생략해도 되나요?

A. 최대한 요소별 개념에 맞춰 구분해보고, AI를 통해 예시를 보면서 액션을 발굴해 보도록 하자. Price와 Promotion을 통해 일머리가 있는 사람, 의사소통이 잘되는 사람으로 전달할 수 있는 경쟁력이 생긴다. 예시와 AI를 통해 다시 한번 내 경험을 들여다보고 분해해 보도록 하자.

CHAPTER 4

지원 동기 쉽게 작성하기

Chapter 4
지원동기

지원 동기 작성이 막막한 이유, 완벽주의를 버려야 하는 이유

취업 준비생들이 지원 자체를 미루는 가장 흔한 이유 중 하나가 바로 **'지원 동기'** 때문이다. 완벽하게 쓰고 싶어서 고민만 하다가 결국 지원 자체를 포기하는 경우도 많은데, 이것은 명백히 **지나친 완벽주의**이다.

기업들이 지원 동기를 중요하게 보는 것은 사실이지만, 실제로 기업이 평가하고자 하는 본질은 따로 있다. 그것은 바로 **"지원자가 직무에 기여할 만한 필살기를 가지고 있는가?"** 하는 점이다. 이 핵심이 빠진 지원 동기는 아무리 완벽히 쓴다 한들 공허할 뿐이다.

따라서 지원 동기를 쓸 때는 지나친 완벽주의 대신, 다음과 같은 **완성 주의**를 추구하는 것이 좋다.

지원 동기의 본질은 '진정성'과 '관심도'이다

지원 동기의 핵심은 기업에 대한 **진정성**과 **관심도**를 전달하는 것이다. 어차피 지원 동기는 짧은 문서이고, 이 짧은 내용만으로 개인의 진정성을 완벽히 평가할 수는 없다. 결국 기업은 최소한의 관심도와 기업에 대한 이해도를 확인하고 싶을 뿐이다.

가장 합리적이고 효과적인 지원 동기 작성법은 간단하다.

❶ 기업의 핵심 정보와 방향성을 조사

❷ 이를 나의 필살기 경험과 연결

이 두 가지를 연결하면 충분하다. 특히 자신의 경험과 기업의 정보가 자연스럽게 연결된다면, 그것만으로도 충분한 지원 동기의 역할을 할 수 있다.

지원 동기는 매슬로우 욕구 단계의 상위 개념으로 접근하자

지원 동기를 구성할 때는 매슬로우의 욕구 5단계 중 상위 개념(성장, 도전, 성취)에 접근하면 더욱 효과적이다. 구체적으로는, 기업의 **경쟁력**과 **성장성**에 집중하고, 나 역시 그 성장의 일원이 되고 싶다는 관점으로 풀어가면 누구나 쉽게 이해할 수 있고, 설득력 또한 높아진다.

매슬로우 욕구 5단계

자아실현의 욕구	핵심가치/비전	신기술, 신사업	최고의 성과
존경의 욕구	성장기회	승진적체
소속과 사회적 욕구	리더십 기회	직무적합성/기여도
안전의 욕구	정규직	계약직/프리랜서
생리적 욕구	급여수준/복지제도	구조조정

결국 지원 동기 작성의 성공 여부는 얼마나 그 기업의 정보를 잘 찾아내느냐, 즉 **리서치 능력**에 달려 있다고 볼 수 있다.

나의 지원동기는 무엇이고, 어떤 욕구와 연결되어 있나요?

1. 이번에 지원하고 싶은 기업명 :

2. 기업에 지원하려는 이유 :

3. 연결된 매슬로우 욕구 :

기업 조사한 내용을 지원 동기 자소서에 잘 반영한 케이스

사용자경험을 수익으로 전환하는 구조로
2030의 점유율 1위를 차지에 기여

❶ 처음 자취를 시작하게 되면서 오늘의 집의 도움을 많이 받게 되었습니다. 이처럼 버킷플레이스는 2030 자취를 시작한 사회초년생을 위한 내 공간을 채우고 꾸미는 과정에 함께하는 기업입니다. ❷특별히 '온라인 집들이'라는 컨셉을 통해 다양한 사람들의 아름다운 집을 사진으로 보여주고, 필요한 가구와 소품을 쉽게 소싱할 수 있는 콘텐츠-커머스-커뮤니티 모델'을 그대로 구현한 점이 인상적이었습니다. ❸ 이를 통해 국내 점유율 1위, 누적 거래액이 2조원, 앱 다운로드가 2000만 회를 달성했다는 점은 고객에게 꾸준히 사랑받아 왔다는 것을 보여주고 있습니다. 여기에서 그치지 않고 최근에는 '오 하우스' 서비스를 통해 미국 시장에도 진출하여 국제적으로 성장하고 있는 모습을 보여주고 있습니다. 이런 ❹ 글로벌한 시각을 가진 기업이 미래에 더 큰 성장을 이룰 것이라고 확신하게 되어 지원하게 되었습니다.

❶ 지원하는 기업을 알게 된 계기를 자취의 시작과 함께 전달하고 있다.
❷ 지원회사만이 고유하게 가지고 있는 '온라인 집들이'라는 독특한 콘텐츠 명을 구체적으로 전달하고 있다.
❸ 기업의 경쟁력을 매출, 거래액, 앱 다운로드라는 구체적인 수치를 제시하여 경쟁력 조사에 대한 탄탄한 근거를 잘 전달했다.
❹ 기업 조사를 통해 느낀 감정으로 지원 동기의 3C를 마무리하고 있다.

지원 동기를 위한 가장 효율적인 기업 리서치 방법은?

기업의 정보를 얻는 대표적인 방법으로는 크게 두 가지가 있다.

- 경제신문 스크랩
- 현직자 인터뷰

이 중에서 자소서를 위해 더 적절한 방법은 **경제신문 스크랩**이다. 현직자 인터뷰는 아주 구체적으로 특정 기업을 타겟팅하고 싶을 때 적합한 방법이지만, 취업 준비 과정에서는 시간과 효율을 고려할 때 현실적으로 접근하기 어렵다.

따라서 대기업이나 중견기업과 같은 규모가 있는 회사에 지원할 때는 경제신문 스크랩을 통해 최신 트렌드와 회사의 핵심 경쟁력을 파악하는 것이 가장 효율적이고 완성도 있는 방법이다. 다음 챕터에서는 경제신문스크랩을 가장 효과적으로 할 수 있는 방법에 대해서 알아볼 테니, 한 단계씩 따라와 보기 바란다.

"막막함"을 "빠르게 지원하는 도전"으로 바꾸자

결국 지원 동기가 어려운 이유는 **정보가 없어서 느끼는 막막함**일 뿐이다. 완벽히 쓸 수 없는 문항에 집착하지 말고, 기업의 경쟁력과 나의 필살기 경험을 연결하는 최소한의 연결고리만 찾으면 된다.

지원 동기는 잘 쓰려는 완벽주의가 아니라, 빨리 완성하고 빠르게 제출하는 **실행력과 도전의 문제**로 접근해야 한다. 이 간단한 가이드를 따라서 고민의 시간을 줄이고, 한 번이라도 더 지원서를 제출하는 것이 현실적인 취업 성공 전략이다.

Chapter 4
경제 신문 스크랩

경제신문 스크랩하는 방법

앞서서 취업 포트폴리오의 핵심 축이 직무와 산업이라고 했는데, 그 이유가 바로 지원 동기에서 나온다. 그중에서도 특히 산업에 대한 정보의 양이 경제신문 스크랩에서 결판난다. 면접 단계에 서는 '현직자 인터뷰'라는 강력한 방법을 제시하는데, 자소서 단계에서는 데스크 리서치인 '경제신문 스크랩'이면 충분하다.

지원하고자 하는 기업이 언급된 경제신문 기사들을 스크랩하는 방법도 있지만, 이 방법은 궁여지책으로 시간이 없을 때 하는 방법이라고 말해주고 싶다. 중요한 것은 산업에 대한 폭넓은 상식과 정보를 확보하는 것이다. 그래서 더 좋은 방법은 매일 경제신문을 보면서 내가 지원하고자 하는 산업에서 일어나는 일들에 대해서 주의 깊게 스크랩을 하는 것이다.

아래 링크를 통해서 무료로 날마다 발행되는 경제신문을 볼 수 있으니, 방법을 모르겠다는 변명은 넣어두고 한 걸음씩 같이 따라 해보자.

본서에서는 평소에 경제신문 스크랩을 통해서 산업정보와 관점을 확장하는 방법 보다는, 빨리 자소서를 써야 하는 경우에 도움이 될 quick 스크랩 방식을 소개하고자 한다. 아래 템플릿과 사용 방법을 참고하여 지원하고자 하는 기업에 자소서를 빠른 시간내에 완성해 보자. 이제는 '어떤 기사와 내용을 뽑을 것인가?', 그리고 '어떻게 연결할 것인가?'가 지원 동기의 퀄리티를 결정짓는 핵심 요소라고 할 수 있다.

> ***경제신문스크랩 템플릿 안내**
> 경제신문스크랩 템플릿은 경제신문스크랩을 분석해볼 수 있도록 기사정보, 기사내용에서 추가 조사할 내용, 적용할점으로 구성되어 있다.
> 경제신문스크랩을 통해 얻고자 하는 바는 지원기업을 위한 기업조사를 포함해서 산업에 대한 폭넓은 상식과 정보를 확보하는 것이다. 매일 경제신문을 보면서 내가 지원하고자 하는 산업에서 일어나는 일들에 대해서 주의 깊게 스크랩을 진행해보자.

 경제신문 바로가기
https://CS46f4.short.gy/bY6yl0

 경제신문스크랩 템플릿 다운로드
https://CS46f4.short.gy/MO3bTW

[경제신문 스크랩 양식]

경제신문 스크랩 양식

신문게재기사 보기
신문기사 보러가기
위 링크 클릭시 신문사로 바로 이동하게 됩니다. 날짜를 선택후, 한국경제/매일경제 번갈아보시면 좋습니다 :)

기사링크

헤드라인

기사 본문
(본문 내용 복사)
수치화, 인사이트
나누기 (5분)

위에서 잡은 추가조사 키워드 하나만을 조사해보세요 **(15분)**

추가조사 내용

지원동기에 적용할 부분 혹은 현직자에게 추가적으로 물어볼 질문 뽑아내기 **(5분)**

적용할 점
(지원동기 /
현직자에게 할 질문)

경제신문스크랩 진행하기 / 뉴스검색

STEP 1 : 기사선정하기

기사선택의 기준

경제신문스크랩을 진행하기전 가장 중요한 스텝이다. 기사에는 기업의 경쟁력(기술, 사업적특징, 제품의 특징 등)을 알, 현재 트렌드의 변화로 인해 산업의 동향이 어떻게 흘러가는지를 파악해야한다.

당일에 업데이트된 기사가 가장 좋지만 만약 기업이나 산업특성상 찾기가 어렵다면 관련 산업으로 키워드를 검색하여 나온 기사 중에서 최근 6개월 혹은 1년 이내 기사를 선택해보시길 권장한다.

기사 검색을 쉽게해보기 위해서 '빅카인즈' 사이트를 이용해보는 것을 추천한다.

해당 사이트는 정부 주최로 뉴스빅데이터 분석서비스를 제공하는 사이트로 기본 검색 창에서 찾고자 하는 기업이나 산업관련 키워드를 검색하면 선택한 언론사 내에서 관련 뉴스들을 수집해주니 활용해보는 것을 추천한다.

오른쪽 하단의 QR코드를 통해 들어가게 되면 언론사별, 키워드별로 검색을 할 수 있게 구성이 되어 있다. 경제신문을 발간하는 언론사를 중심으로 한번 기사를 찾아보도록 하자.

[빅카인즈 뉴스 검색창]

뉴스 기본 검색어 (ex. 기업명) 입력하기

상세검색 탭에서 포함하고 싶은 단어를 입력하기 (ex. 반도체)

* 기사 선택 추천방법 : 빅카인즈를 통해 기사 검색하기

해당 사이트는 정부 주최로 뉴스빅데이터 분석서비스를 제공하는 사이트이다. 기본 검색 창에서 찾고자 하는 기업이나 산업관련 키워드를 검색하면 선택한 언론사 내에서 관련 뉴스들을 수집해주니 활용해보는 것을 추천한다.

빅카인즈로 이동하기
https://www.bigkinds.or.kr/v2/news/index.do

STEP 2 : 경제신문스크랩 진행하기

기사선정이 끝났으면 내용을 분석할 시간이다.

숫자와 관련된 내용이 있다면 빨간색으로 표시, 새로알게된 사실 혹은 트렌드에 해당되는 내용은 파란색으로 표시를 한다. 어렵게 생각하지말고, 내 기준으로 새롭게 알게된 내용들이 있다면 파란색으로 표시해보자.

여기서 음영을 칠하는 것부터가 본격적인 스크랩의 시작이 된다. 이후 파란색으로 표기한 부분을 추가 조사해볼 키워드로 뽑아내서 별도로 다시 검색하고 조사하는 학습 과정을 거쳐야 한다. 빨간색으로 표기한 숫자 역시 내가 지원하는 기업이 아니더라도 스크랩해 두고, 내가 지원 할 기업의 숫자와 비교하거나 추가 조사를 하는 용도로 사용한다.

(예시 : 쿠팡의 매출 성장률에 대한 기사를 보면서, 내가 지원 하는 마켓컬리의 성장률과 비교하는 숫자로 사용)

기사링크 :
https://www.foodnews.co.kr/news/articleView.html?idxno=113201

기사 헤드라인 : CJ제일제당, 1분기 식품 매출 2조9246억…전년 동기보다 3% 증가

기사본문

CJ제일제당은 올 1분기 매출(대한통운 제외 기준)이 4조3625억원으로 전년 동기보다 1.8% 감소했다고 13일 밝혔다. 영업이익은 2463억원으로 7.8% 감소한 것으로 집계됐다.

식품사업 부문 매출은 2조9246억원으로 전년 동기보다 3% 증가했으나, 영업이익은 30% 감소한 1286억원을 올렸다. 국내 식품사업(매출 1조4365억원)은 온라인 매출이 33% 고성장 했음에도 내수 소비 부진이 지속되며 매출 정체를 보였다. 올해 설 명절이 평년보다 빨라 선물세트 매출이 지난해 4분기에 일부 반영된 것도 영향을 미쳤다는 분석이다.

해외 식품사업(매출 1조4881억원)은 'K-푸드 신영토 확장'에 속도를 내면서 견조한 성장세(+8%)를 유지했다. K-푸드 대표 브랜드인 비비고의 인지도가 계속 올라가면서 북미를 비롯, 유럽과 오세아니아 등 글로벌 전역에서 고른 성장을 이어갔다.

해외 매출 중 가장 큰 비중을 차지하는 북미는 상온 가공밥(+39%), 피자(+10%), 롤(+23%) 등이 안정적인 성장을 이끌며 매출 1조2470억원을 달성했다. 중국과 일본도 만두를 포함한 주력 제품 판매 확대로 매출이 각각 15% 이상 증가했다.

신영토 확장의 핵심 지역인 유럽과 오세아니아는 주요 대형 유통채널 입점과 제품 카테고리 확장에 힘입어, 각각 매출이 36%, 25% 증가했다. 독일, 영국, 프랑스, 네덜란드 등에서 만두, 핫도그, 고추장·쌈장 등 신제품을 잇따라 출시하고, 오세아니아 대형 유통채널인 Woolworths, Coles에 이어 IGA 입점으로 판매가 크게 늘어난 것이 성과로 이어졌다.

Tip : 매출성장의 근거, 트렌드를 정리해두면 지원동기나 회사 경쟁력 파악에서 용이하게 활용할 수 있다.

STEP 3 : 추가조사 진행하기

추가조사는 기사를 보면서 기사만으로는 알 수 없었던 내용이나 좀 더 디테일을 추가해서 조사를 해보면 좋을 내용들에 대해서 진행을 한다. 이때 파란색으로 표기한 내용을 중점적으로 보면서 키워드를 발굴해보면 좋다.

추가 조사할 때는 아래의 몇 가지 기준을 가지고 조사하면 좋다.

1. 회사의 기술력 : 가장 편하게 다가갈 수 있는 것
 1) 시장 선도 기술 : 구체적인 근거, 숫자, 실체 필요
 2) 차별화된 상품과 서비스 : 독보적 상품, 고객 후기, 고객에 대한 이해

2. 사업의 특징
 1) 지역적 특성 : 해외지부, 지사
 2) 소재나 독점구조 : 독점하고 있는 아이템, 기술 (ex. 석유, 텔레콤)
 3) 미래 사업의 과감한 투자 : 4차 산업을 두고 어떤 투자를 하고 있는가

이런 정보들을 누적해 나가면, 산업 전반에 대한 트렌드를 볼 수 있을 뿐 아니라, 지원기업에 대한 객관적이고 구체적인 경쟁력을 분석해 낼 수 있다. 중요한 것은 정기적으로 계속하는 것이다. 이게 잘 훈련되면 지원 동기를 작성하는데 1시간 이내에 마칠 수 있다.

추가 조사한 내용

- 내수 소비 부진 원인 :
  - 우리 경제의 내수 소비 성장률이 2020년 코로나 사태 이후 최근 1.2%까지 떨어지는 등 내수 부진이 장기 하락 추세에 접어들게 됨
  - 특히 경제위기를 겪으며 마치 계단처럼 한단계씩 소비 성장률이 낮아짐
  - 내수 소비 부진의 중장기 요인으로 고령화로 인한 인구구조의 변화와 고령층 소비성향의 감소를 우선적으로 꼽음

Tip : 기사를 읽고 나만의 디테일을 추가해 내가기 시작하면 같은 내용이라도 깊이 있는 정보를 정리하고 얻을 수 있다.

이렇게 추가 조사까지 진행하고 나면 기업 조사한 내용에 대한 정보가 충분히 만들어지게 된다. 해당 내용들을 AI와 함께 요약해서 정리해 보는 것도 좋다.

> **AI 프롬프트 가이드라인 : 기업 조사내용을 개조식으로 요약**
>
> 내가 전달하는 기사내용을 보고 현대자동차의 경쟁력 중점으로 개조식으로 정리를 해줘.
> 이때 경쟁력은 회사 기술력이나, 제품 경쟁력이나, 사업적 특징(투자, 해외 지부 등) 세가지 중에서 연결해서 요약을 진행해줘.

STEP 4 : 적용점 / 질문 리스트 작성하기

이제 조사까지 끝냈다면 STEP 2, STEP 3 내용을 기반으로 적용점을 찾을 단계이다.

적용점은 자소서에 어떤 내용을 작성할지, 면접에서 답변을 어떻게 준비할지 정리해봐도 좋고 현직자를 만난다면 기사상으로 알 수 없었던 내용을 3가지 정도 질문리스트로 뽑아보면 좋다.

> **적용점 / 질문리스트**
> - 쿠팡에서 주로 어떤 제품들을 납품을 했길래 온라인 매출 상승에 기여할 수 있었을까요?
> - 유럽에서 외국인들은 어떤점 때문에 중국의 덤플링 대신 비비고를 선택한 걸까요?
> - 오세아니아 여러 경쟁사들을 제치고 대형유통채널을 뚫을 수 있었던 핵심 전략이 있다면 무엇이었나요?

Tip : 이 단계가 없다면 현직자 인터뷰를 시도했을 때 아쉬운 내용만 얻어서 돌아올 수 있다. 기사 내용 기반으로 구체적으로 질문할수록 현직자도 전달할 수 있는 정보가 구체적으로 돌아오니 이 과정을 꼭 거쳐보자.

이제 기사내용과 내 필살기 경험을 가지고 지원 동기 자소서를 AI를 활용해서 만들어보자.

앞서 경제신문스크랩을 요약한 내용을 가지고 진행한다면 훨씬 수월하게 경쟁력 중심으로 기업 조사내용을 완성할 수 있다.

> ✨ **AI 프롬프트 가이드라인 : 지원 동기 자소서 완성**
>
> 아래 내용을 바탕으로 현대자동차기업 지원 동기를 3단 구성으로 만들어줘.
> 1. 계기: 아버지께서 항상 현대자동차만 주행하셔서 현대자동차가 생산하는 자동차 모델들에 대해 자연스럽게 알게 되었음
> 2. 조사 내용:
> - 기업조사 내용 요약본 입력
> 3. 관련 경험
> - 거래처 미수금 관리 강화로 회수율 95% 달성
> - 비용 분석 리포트 체계화로 분기별 예산 초과율 20% 감소
> 4. 지원직무 : 회계

Tip 1: 1번째 문단에서 내가 조사한 기업 경쟁력과 관련한 숫자가 누락된 경우, '내가 전달한 기업조사 내용에서 경쟁력과 관련된 수치를 넣어서 다시 만들어줘'라고 요청해보자.

Tip 2 : 입사후포부가 너무 길어질 경우 간략한 1-2 문장으로 줄여달라고 요청해봐도 좋다.

Tip 3 : 소제목이 내 경험 + 기업경쟁력 연결이 미스매칭이 나는 경우, 소제목을 내 경험의 핵심 액션을 주어로 시작해서 앞부분은 내 경험, 뒷부분은 기업 경쟁력에 대한 기여 방식으로 구성해달라고 해보자.

Chapter 4
지원 동기 조립하기

앞서 필살기 경험을 3C4P를 활용해서 간단하지만 핵심 정보만 살리는 구조를 연습했는데, 지원 동기도 이 프레임을 적용하는 것이 좋다. 우리가 제시하는 지원 동기의 구조는 아래와 같다.

지원 동기 문단의 구조 4단계

① **소제목** ⇒ How(필살기) + Result(입사후 포부)

② **3C** ⇒ 60~70% | 기업 조사 내용 = 경제신문 스크랩

③ **4P** ⇒ 20~30% | 내 기여 포인트 어필 = 필살기 매칭

④ **인사이트** ⇒ 간단한 입사후 포부

다음 예시는 위의 가이드라인을 잘 살린 케이스이다.

❶ 반복되는 품질 문제 개선으로
국내 시장 경쟁력 확보에 기여

❷ 비타민 보충제 중 텐텐을 약국에서 항상 만나면서 한미약품에 대한 관심을 가지게 되었습니다. 한미약품은 국내 최대 규모의 기업으로, 24년 기준 매출액 약 1조 4,955억 원을 기록하며 업계를 선도하고 있습니다. 특히 대표적인 바이오시밀러 제품인 '하루보플린'을 출시해 경쟁력을 확보했으며, 'CardiAid'와 같은 의료기기 제품을 통해 심정지 환자의 생존율 향상에 기여하고 있다는 점이 매우 인상적이었습니다. 한미 제약의 행보를 통해 한미 제약이 어떻게 불황을 이겨내고 고객들에게 신뢰받고 있는지 알 수 있었고 그 행보에 동참하고자 지원을 결심하게 되었습니다.

❸ 이러한 한미약품의 성장에 기여하고자 두 가지 경험을 준비했습니다. 첫째, OO 제약에서 공정 중 반복되는 품질 문제를 개선해 불필요한 재작업을 줄여 연간 운영비용을 약 10% 절감에 기여한 경험이 있습니다. 또한 전공 실험에서 반복되는 오차를 분석해 표준작업지침로 개선하고 체크포인트를 추가하여 미생물 배양 공정의 오염률을 15% 감소시켰습니다.

❹ 이러한 경험들로 한미약품의 행보에 발맞춰 품질관리 업무를 수행하며 공정 효율화를 통해 한미 제약의 경쟁력 향상에 기여하겠습니다.

---

❶ 가장 첫 번째로 제시한 필살기의 액션을 소제목의 HOW로 제시하고, RESULT로는 성장성이라는 일관적인 흐름에 기여하겠다는 내용으로 소제목을 구성했다.

❷ 어릴 적 한미약품의 보충제를 시작으로 자연스럽게 알게 된 계기를 언급하면서 지원 동기를 시작하고 있다. 이후로 수치가 동반된 매출 성장, 구체적인 제품명으로 3C를 구성하여 구성하여 차별화되고 신뢰성이 더해진 내용을 전달하고 있다.

❸ 기업 조사에 대한 내용을 주로 이루고, 이를 위해 준비한 내 필살기 경험 2가지를 간략하게 소제목으로 전달했다.

❹ 공정 효율화를 통해서 경쟁력을 향상하겠다라는 간략한 요약으로 입사 후 포부를 마무리했다.

각 구조별 작성 방법

소제목

필살기의 소제목이 앞서 분해한 4P를 조합해서 작성하듯이 필살기를 통해 기업의 경쟁력에 기여하고 싶다고 작성하면 된다.

인문계 : MZ세대 취향 저격 전략으로 HAUS 효과에 기여
이공계 : 고효율, 고품질 배터리 관리로 배터리 생산성 향상
공기업 : 맞춤형 서비스 제공으로 복지서비스 다각화 도전

3C(기업조사 내용)

지원하고자 하는 기업의 핵심 경쟁력만 3가지 정도로 작성한다. 여기서 강조하고 싶은 것은 경쟁력이 되는 상품 혹은 서비스에 대한 숫자이다. 구체적일수록 그 회사에 대해 조사하고 분석했다는 것이 자연스럽게 어필된다. 경제신문 스크랩을 하면, 반드시 숫자와 트렌드 키워드가 나오기 때문에 그 정보들을 잘 조합하기 만 하면 된다. 다음 예시를 비교해서 보자.

기업의 경쟁력 기반 경제신문스크랩 내용을 잘 정리한 사례

경제신문스크랩을 통해 핵심적으로 담아야 할 정보들이 구체적으로 드러나 있다.
SK하이닉스가 단순히 영업이익이 좋은 기업에서 그치지 않고 HBM 수요의 산업 상황, 숫자가 동반된 영업실적, 세계 최초라는 6세대 제품 HBM4 라는 내용이 담겨져 있어서 기업의 기술 경쟁력이 담겨있는 기사로 잘 선택했다.

2분기 역대 최고 실적 전망 및 HBM 경쟁력

SK하이닉스는 HBM(고대역폭 메모리) 사업과 관련해 여러 가지 기술 경쟁력을 갖추고 있는 기업이다. 대표적으로 AI 열풍에 따른 HBM 수요 증가, 미국 관세 우려로 인한 메모리 '풀인(pull-in)' 수요, 구형 D램 가격 상승 등으로 2분기 역대 최고 실적을 달성할 것으로 전망된다.

HBM 사업은 SK하이닉스의 전체 D램 영업이익 중 54%를 차지하고 있으며, AI 관련 D램 매출 비중은 77%까지 확대됐다. 이로 인해 회사는 글로벌 메모리 시장에서 경쟁력을 공고히 하고 있다.

특히 엔비디아 GPU 수요가 견조하게 유지되면서 HBM 관련 수요도 긍정적인 상황이다. SK하이닉스는 세계 최초로 6세대 제품인 HBM4 샘플 공급을 시작했으며, 올해 하반기 HBM3E 12단의 매출 비중 확대 및 연내 HBM4 양산 계획을 순조롭게 진행 중이다.

현재 증권가는 SK하이닉스의 2분기 매출을 20조4000억 원, 영업이익을 9조800억 원으로 추정하고 있다. 이는 전년 동기 대비 각각 24%, 66% 증가한 수치다.

홈페이지를 참고한 일반적인 지원 동기

> 대표적으로 홈페이지만을 보고 지원 동기를 작성한 케이스이다. 홈페이지만 보고 작성할 경우, 기업명을 조금만 바꿔도 모든 기업에 적용 가능한 만능 지원 동기가 된다. 대체가능한 지원 동기는 지양하자.

SK하이닉스는 메모리 반도체 분야에서 세계를 선도하며, AI·빅데이터 등 미래 기술의 핵심 인프라를 만들어가고 있습니다. 특히 SK하이닉스의 ESG 경영과 첨단 패키징 기술 개발에 큰 감명을 받아 지원하게 되었습니다. SK하이닉스에서 저의 기술적 역량을 발전시키고, 더 나아가 글로벌 반도체 시장의 경쟁력을 높이는 데 기여하고 싶습니다.

경제신문스크랩 기반으로 기업 조사의 구체성을 살린 지원 동기

> 기업 조사 기반으로 SK하이닉스가 왜 업계 1위 기술력을 가지고 있는지, 어떤 점 때문에 경쟁력이 뛰어난지 근거와 수치를 기반으로 전달하여 기업에 대한 이해도가 높다는 것이 전달된다.

HBM에 대한 글로벌 수요 급증가 급증하는 AI 시대에 SK하이닉스가 업계 1위의 기술력으로 시장을 선도하고 있습니다. 기존 제조 공정을 뛰어넘는 설계와 공정 최적화를 통해 HBM3E의 생산성을 높이고, 단일 웨이퍼당 매출이 약 45% 성장한 점에서 연구 역량의 차별화를 느꼈습니다. D램 매출 점유율과, 영업이익 기여도가 54%까지 상승한 점을 통해 기술 중심 가치 창출의 가능성을 볼 수 있었습니다. 끊임없이 도전정신으로 AI 반도체 생태계를 선도하고 하이닉스와 미래 기술 경쟁력 강화에 기여하고자 지원을 결심하게 되었습니다.

4P (내 필살기 연결하기)

일단 기업 조사를 잘 했다면, 지원 동기 자체는 어색하지 않다. 이런 경쟁력을 배우거나 매력을 느꼈기 때문에 지원했다는 것이 논리적으로 문제가 없기 때문이다. 하지만, 우리는 여기서 한 걸음 더 나아가 그 경쟁력에 더 도움이 되는 존재가 되고 싶기 때문에 지원하는데 도전해 보자.

내 필살기 목록 중에 기업의 경쟁력과 연결시킬 수 있는 필살기가 있다면(없더라도 최대한 가까운 경험이라고 생각되는 경험을 매칭) 무조건 연결시킨다. 여기서는 다소 억지가 있을 수도 있지 만, 상관없다. 중요한 것은 기업에 대한 분석과 나를 연결하는 것이 핵심이다. 앞서 필살기 / 빌살기 / 밉살기로 분해한 경험 리스트업을 다시 보고, 그중 밉살기를 매칭하는 것도 매우 좋은 방법이다.

필살기 성공 경험이 대단한 경험이 아니어도 상관없듯이, 여기서 도 기업의 경쟁력과 내 필살기가 조금만 연결돼도 상관없다. 다음 예시 정도면 충분하니 너무 어렵게 생각하지 말고 연결해 보자.

이 문항은 필살기 문항이 아니고 지원 동기 문항이므로, 필살기를 자세히 적을 필요는 없고, 여러 가지 필살기들을 나열해도 좋고 한두 가지를 디테일하게 적어줘도 상관없다.

구분	기업 경쟁력	필살기
인문계	MZ세대를 공략하는 자사 제품 X 캐릭터 콜라보 진행	캐릭터 콜라보 캠페인을 기획·진행하여 SNS 참여율 증가시킨 경험
이공계	전장화 트렌드에 맞춰 5개의 전자 제어장치를 하나로 통합한 기술력	센서 데이터 처리 알고리즘을 개선해 다중 제어 시스템의 통합 제어 효율 향상시킨 경험
공기업	국내 최초로 전력·가스 AMI 통합검침과 스마트 AMI 시스템으로 최대 공급망 확보	에너지 관련 예산, 비용, 운영 데이터를 검토로 연간 예산 소요액을 절감시킨 경험

인사이트 (입사 후 포부)

필살기의 인사이트는 생략해도 된다고 했던 것처럼 여기서도 마찬가지다. 입사 후 포부는 간단한 마무리 정도로 생각하고 가볍게 작성하도록 하자. 요즘은 많이 사라졌지만, 입사 후 포부를 별도로 묻는 자소서가 아니라면, 지원 동기와 연결해서 작성하면 된다.

지원동기 예시

인문계 사례

지원기업 : CJ제일제당
직무 : 영업

CJ제일제당의 대표적인 제품 비비고에 대해서 해외시장 경쟁력으로 지원 동기를 작성했다. 비비고의 특징, 시장에서의 반응, CJ제일제당의 글로벌 확장을 위한 사업적 준비라는 구체적인 내용을 가지고 지원 동기를 작성한 케이스.

고객 맞춤형 판매 전략으로
글로벌 No.1 경쟁력에 기여

❶ 해외여행 중 현지 마트에서 '비비고 만두'를 접하며 CJ제일제당의 글로벌 영향력을 처음 알게 되었습니다. 이미 중국의 덤플링이 있음에도 비비고 만두는 전통 한식의 맛을 현대적으로 재해석하고, 특허받은 속 채움 기술과 증기 조리 방식으로 육즙과 식감을 극대화하여 ❷ 북미 시장에서 점유율 1위를 유지하고 유럽에서도 연간 매출 1,000억 원을 돌파한 점이 인상적이었습니다. 또한 CJ제일제당은 국내외 1,300여 개 식품 관련 특허를 보유하고, 비비고 만두·햇반 등 주요 제품에만 100여 개의 특허 기술을 적용하며 제품 차별화에 성공하고 있습니다. 여기에 미국·유럽 신규 생산 공장 구축과 바이오 부문에서의 트립토판·스페셜티 제품 개발을 통해 글로벌 식품산업의 혁신을 선도하는 모습을 보며 더 큰 성장을 함께 만들어가고 싶다는 확신을 가지게 되었습니다.

❸ 입사 후 CJ제일제당의 제품을 고객들에게 더 널리 알리고 맛보이고자 고객니즈 기반으로 매출을 상승시켰던 경험이 있습니다. 동아리에서 펀딩 부스를 운영하며 고객 동선을 분석해 인기 품목의 위치를 배치하고 펀딩 목표 대비 30% 초과 달성한 경험이 있습니다. 또한, 식음료 매장에서 고객 피드백을 바탕으로 세트 메뉴를 제안해 신메뉴로 매출을 전월 대비 15% 향상시키고 기여한 경험이 있습니다.

이러한 경험을 바탕으로 고객 니즈를 우선적으로 반영하여 시장 점유율을 높여 CJ제일제당의 글로벌 경쟁력 강화에 기여하겠습니다.

---

❶ 이미 알던 기업이지만, 해외여행을 통해 기업의 영향력을 느낀 시점을 여행으로 전달하고 있다.

❷ CJ 제일제당의 경쟁력을 매출, 식품 관련 특허라는 키워드와 함께 구체적인 숫자로 해외시장 경쟁력을 전달했다.

❸ 제품 경쟁력을 소비자들에게 잘 알리고 기여할 수 있는 필살기 경험 2개로 지원 동기를 마무리하고 있다.

지원동기 예시

이공계 사례

지원기업 :
한화에어로스페이스
직무 : 연구개발

> 한화에어로스페이스의 현지 생산기지라는 포인트를 두고 생산력에 대한 특징을 가지고 지원 동기를 전개하고 있다. 이러한 경쟁력과 연결되는 시스템 정밀화라는 필살기를 걸어 지원 동기를 마무리했다.

시스템 성능 정밀화를 통해 품질 안정성을 높이는 신기술 개발

❶ 기술력과 관련된 기업에 대해서 연구 세미나를 통해 알게 된 계기를 첫 시작으로 전달하고 있다.

❷ 한화에어로스페이스의 경쟁력을 글로벌 생산 경쟁력을 높이고 있는 투자 내용으로 작성했다.

❸ 기술력 연결될 수 있는 연구 성과 내용으로 필살기 경험 2가지로 전달했다.

❶ 연구실 세미나에서 스마트팩토리 및 첨단 방산 제조 기술 발표를 들으며 한화에어로스페이스의 글로벌 공급망 전략에 관심을 갖게 되었습니다. 한화에어로스페이스는 최근 약 3조 원 규모의 유상증자를 통해 미국과 유럽 등 주요 거점에 스마트팩토리와 현지 생산기지를 구축하며 방위산업 기술력을 한층 고도화하고 있습니다.

❷ 특히 한화에어로스페이스는 2029년까지 1조 3,000억 원을 투자해 미국 내 모듈화장약(MCS) 스마트팩토리를 구축하며 글로벌 생산 경쟁력을 높이고 있습니다. 지속 가능한 성장을 보여주는 첨단 공정과 신기술 개발에 도전하는 한화에어로스페이스의 방산 경쟁력 강화에 기여하고자 지원하게 되었습니다.

❸ 이러한 한화에어로스페이스의 기술력에 기여하고자 다양한 연구 성과를 내왔습니다. 연구과제 수행 중 실시간 제어 로직을 개발해 방호 로봇의 안정성을 기존 대비 2배 향상시킨 경험이 있습니다. 또한 이종 센서 융합 알고리즘을 적용해 탐지 시스템의 악조건 대응 정확도를 20% 개선하며 극한 환경에서도 높은 신뢰성을 확보했습니다.

이러한 연구 경험을 통해 복잡한 공정을 최적화하고, 다양한 시스템의 성능을 정밀하게 개선하여 신기술을 통해 지속 가능한 성장에 함께 도전하겠습니다.

지원동기 예시

공기업 사례

지원기업 : 코트라
직무 : 사무직

공기업이 특성인 정책지원, 고객만족도라는 포인트로 기업조사를 진행하여 경쟁력을 드러내고 있다.
5만 3천여 개의 기업의 지사 역할을 한 점을 통해 고객만족도 최우수 달성한 점을 전달하고 있기에 기업조사가 잘된 케이스라고 볼 수 있다.

우선순위 기반 프로젝트 집행으로
해외 진출 통로 확장 지원

대학 시절 ❶ 학회 활동 중 중소기업의 해외 시장 진출 성공 사례를 조사하며 KOTRA의 '지사화 사업'과 글로벌 물류 지원 정책에 관심을 갖게 되었습니다. 특히 ❷ KOTRA가 20년 넘게 5만3천여 개 국내 기업의 지사 역할을 수행하며 총 46억 달러 규모의 수출 실적을 견인하고, 6년 연속 공공기관 고객만족도 최우수 등급을 달성한 점은 공공기관의 신뢰성과 전문성을 동시에 보여준 사례라 인상 깊었습니다. 또한 최근 '대한민국 브랜드 엑스포에서 6,396만 달러의 상담 실적을 달성하며 국내 기업의 유럽 진출을 적극 지원한 모습을 통해, 변화하는 통상 환경에서도 중소·중견기업과 함께 성장하는 KOTRA의 역할을 다시금 체감했습니다.

KOTRA의 성장에 기여하고자 두 가지 경험을 준비했습니다. ❸ 저는 OO기관에서 프로젝트 타임라인 관리를 통해 신규 사업을 계획 대비 120%의 실적을 달성시킨 경험이 있습니다. 또한 학회 연간 예산을 집행하면서 우선순위를 정해 예산조정을 통해 전년도 대비 10%의 비용 절감시켰습니다.

이러한 경험을 바탕으로 변화하는 국내 기업의 해외 시장 개척을 위해 목표를 초과 달성하는 전략적 기획과 실행력을 발휘하겠습니다.

❶ 기업을 알게 된 계기를 학회 케이스 스터디를 통해 발굴한 구체적인 사업명을 가지고 전달하고 있다.

❷ 공공기관에 대한 조사 내용을 지원하고 있는 기업 개수로 전달했다. 사업실적으로 볼 수 있는 도움을 지원하고 있는 기업, 수혜자 수로 경쟁력을 전달해 볼 수 있다.

❸ 실적 기여에 연관될 수 있는 사업실적 성공 경험, 비용 절감 경험을 가지고 기여할 수 있는 점을 전달하고 있다.

지원 동기 / 경제신문스크랩 FAQ

Q. 지원 동기 작성 시 회사와 직무 중 어디에 비중을 둬야 하나요?

A. 지원 동기 항목은 직무 지원 동기라는 내용이 없는 경우 대개 회사 지원 동기에 해당한다.
회사의 경쟁력과 조사내용에 대해 묻는 것이니 회사 조사내용에 비중을 좀 더 두고 필살기 경험은 지원기업과 관련하여 준비해온 경험을 소개하는 수준으로 2-3문장 정도로 구성해보는 것이 좋다.

Q. 그냥 공고 찾다가 발견한건 데 회사를 알게 된 계기가 없을 때는 어떻게 쓰나요?

A. 계기를 작성하는 이유는 내 지원 동기의 차별화를 두기 위해서이다.
기업 규모가 큰 기업일수록 지원자 간 비슷한 기사를 대부분 참고할 가능성이 높아진다. 이럴 경우 나만의 계기로 시작하여, 기업조사를 통해 입사를 결심하게 된 감정으로 완성하면 좀 더 엣지 있는 지원 동기로 완성도를 높일 수 있다. 처음 알게 된 지점, 혹은 경험하게 된 내용이 있다면 연결 지어서 시작해보자.

Q. 기업 정보가 부족하거나 경쟁력이 약한 회사는 어떻게 조사하고 작성하나요?

A. 대개 기업 정보가 부족한 곳은 스타트업이나 중소기업인 경우가 많다.
이럴 경우 가장 쉽게는 회사와 관련된 유튜브나 회사 소개 관련 자료를 참고해 보는 것도 좋은 방법이다. 그럼에도 아무런 정보가 없는 경우, 필살기 경험으로 지원 동기 문항을 완성 해보자.

Q. 경제신문스크랩의 적용할 점은 취준생 입장에서 작성해야 하나요, 아니면 입사 후 근로자 입장에서 작성해야 하나요?

A. 경제신문스크랩은 입사 후에도 유용한 루틴이지만 산업과 기업 경쟁력에 대한 관점을 넓히는 데 의의가 있다. 현재 취준생으로 자소서와 면접에 어떻게 적용해 볼지로 접근해 보자.

Q. 1일 1지원 할 때마다 이렇게 준비해서 지원 동기를 작성해야 하나요?

A. 경제신문스크랩을 통해 준비하는 지원 동기 방식은 면접까지 한큐에 준비하는 방법이다. 정말 가고 싶은 기업일수록 해당 방법으로 준비하는 것이 가장 정석적이다. 그러나 지원 연습을 위해 자소서인 경우 시간적 여유가 없다면 기사 1~2개로 요약하여 완성하고 이후 면접이 잡힌 경우 깊이 있는 조사를 꼭 진행해 보자.

CHAPTER 5
기타 문항

Chapter 5
성장 과정

성장 과정 자소서, 이제 기업이 다시 주목하는 이유

    몇 년 전까지만 해도 자기소개서의 '성장 과정' 문항은 단순히 형식적인 질문처럼 여겨졌다. 그러나 최근 이 문항이 다시 기업들 사이에서 주목받기 시작했다. 그 이유는 명확하다. 기업은 직무 역량뿐만 아니라, 지원자가 조직의 문화와 가치관에 얼마나 잘 부합하는지, 즉 **'컬처핏(Culture Fit)'** 을 중요하게 여기기 때문이다. 실제로 최근 많은 기업은 컬처핏을 가진 인재가 업무성과와 조직 적응력 측면에서 뛰어난 성과를 보여준다는 사실을 인지하고 있다.

    성장 과정은 단순히 어린 시절부터 지금까지 살아온 이야기를 하는 문항이 아니다. 기업이 성장 과정을 통해 알고 싶어 하는 것은 지원자의 가치관과 성향, 즉 직장 생활을 하며 겪을 다양한 상황에 대한 대처 능력과 조직 적응도이다. 다시 말해, **성장 과정은 여러분의 인생 이야기를 통해 기업의 문화와 가치관에 얼마나 잘 부합하는지를 설득하는 문항**이다.

그러므로 성장 과정은 직무와 산업, 그리고 지원하는 기업과의 연결성을 강조하면 더욱 효과적이다. 과거에는 성장 과정을 그저 인성적인 면에서 풀어냈다면, 이제는 기업과 연결된 성장경험, 직무와 관련된 가치관 형성, 산업에 관심을 갖게 된 계기까지 최대한 연결하여 제시하는 것이 필수적이다.

성장 과정을 작성할 때는 '계기 → 핵심 에피소드 → 갈무리'라는 명확한 구조를 따라야 한다. 무엇보다 여러분이 가진 경험과 가치관을 통해 기업이 원하는 인재상과 맞닿아 있음을 보여줘야 한다. 이 작업을 철저히 하면, 성장 과정 문항은 단지 개인사를 소개하는 것이 아니라 여러분의 강력한 '필살기'로 작용할 수 있다.

지금부터 여러분의 성장 과정을 기업의 컬처핏 관점에서 작성하는 방법을 구체적으로 살펴보자.

성장 과정 질문의 의도

면접에서 쉽게 드러나지 않는 그 사람의 배경을 알고 싶은 게 사실이다. 면접관으로서 직무 적합성은 성공 경험으로 판단할 수 있는데,

그 외에도 일을 하면서 겪게 될 다양한 상황과 환경에 어떻게 반응할지 알고 싶다. 그래서 궁극적으로 성장 과정을 통해 알고 싶은 것은 의사소통과 조직 적응도일 것이다. 정리해보면 기업이 알고 싶은 내용은 아래 3가지로 요약 가능하다.

> ❶ **관 계** : 윗사람과의 관계, 인간관계
> ❷ **세계관적 가치관** : 재정관, 비즈니스를 해석하는 인식
> (친기업 vs. 반기업)
> ❸ **성격적 가치관** : 자라온 환경을 토대로 유추할 수 있는 도전 정신,
> 적응력, 끈기 등

성장 과정을 한 가지 짧은 에피소드로 제출하는 경우가 많은데, 에피소드 하나만으로는 그 사람의 배경을 충분히 볼 수가 없다. 이런 경우 면접 때 진짜 배경을 알아내기 위해 성장 과정과 관련된 예상치 못한 질문을 많이 받을 수 있다.

성장 과정 작성하기

1. 직무 일관성 경험을 강조하는 방법

직무 관련 경험을 다발로 제시하라. 너무 디테일할 필요는 없다. 직무 강점에 영향을 준 요소가 있다면 짧게 흐름 순으로 나열해도 좋고, 가장 영향력이 컸던 것부터 적어도 좋다. 우리는 이것을 경험의 다발이라고 이야기할 것이다. 일관된 경험의 다발은 그것 자체로도 필살

기 같은 효과가 있다.

글의 구조 가이드

① 직무에 관심을 갖게 된 계기 : 영향을 준 인물이나 사건을 적어주고, 그때 영향을 받게 된 말이나 결과 등을 구체적으로 제시하라. 소제목 작성의 원리를 적용하면 좋다.

② 직무 관련 경험을 다발로 제시 : 이때는 경험의 종류가 많고 기간이 길수록 좋다. 한 개의 에피소드를 너무 자세히 이야기하지 않아도 된다. 일관성이 전달하고자 하는 핵심 요소이기 때문에 다양한 경험들을 소개하는 게 좋다. 이것은 면접 때 질문의 포인트가 될 것이다.

③ 다른문항에서 제시했던 필살기의 결과: '이런 배경을 통해서 이런 필살기 경험을 가지게 되었습니다.'로 갈무리한다면, 잘 작성된 글일 뿐 아니라 면접을 염두에 둔 자소서가 될 수 있다.

직무 일관성 경험으로 작성한 자소서 예시

사람과 공간을 잇는 설계자로의 비전

❶ 설계라는 직무에 대해서 관심을 가지게 된 계기를 설계 직무에 종사하시는 아버지를 통해 알게 되었다고 전달하고 있다.

❷ 직무에 대한 관심을 가지게 된 계기로 관련된 전공과 봉사활동을 간경험으로 에피소드를 잘 전달했다.

❸ 전공 수강, 봉사활동 기반으로 직무 KPI와 연결된 필살기 경험으로 자소서를 마무리하여 일관성이 돋보인다.

❶ 어릴 적부터 토목 설계 공무원으로 일하시는 아버지를 통해 설계 도면을 보면서 자연스럽게 설계에 대한 관심을 가지게 되었습니다. 특히 설계의 세심한 디테일을 강조하시는 아버지의 가르침에서 재미를 느끼며 설계자로서의 꿈을 키웠습니다.

❷ 관련 전공으로 대학 진학 후 설계 과목에서 모두 A 이상의 성적을 거두면서, 설계에 대한 기본기와 자신감을 쌓을 수 있었습니다. 이후 봉사활동으로 시골의 노후된 주택들을 방문하며 과거 설계의 문제점과 장점을 직접 눈으로 확인할 기회가 있었습니다. 이러한 경험은 단순히 이론으로 배우던 설계가 아닌, 사람들의 삶과 밀접하게 연결된 설계의 중요성을 깨닫게 해주었습니다.

이러한 경험들을 바탕으로, ❸ 주택 리모델링 프로젝트에서 설계 도면 검토와 개선안을 제시하면서 설계 허가 승인율을 이전 대비 2배 향상시키는 성과를 거둘 수 있었습니다. 이 경험을 통해 설계자로서 제 방향성을 더욱 명확히 해주는 계기가 되었고, 앞으로도 사람과 공간을 연결하는 설계자가 되겠다는 목표를 확고히 할 수 있었습니다.

2. 특이한 인생경로를 활용하는 방법

주의할 것은, 이 자체가 필살기는 될 수 없다는 것이다. 사실 앞서 소개한 직무역량을 갖게 된 일관된 경험을 보여주는 것은 필살기 급의 강력한 합격 이유가 되지만, 특이한 인생 경로는 그 정도 임팩트는 될 수 없다. 하지만 그럼에도 불구하고, 면접관이 궁금해하고, 그 변화의 계기와 상황을 어필할 수 있는 좋은 성장 과정의 소재는 될 수 있다.

이것은 필살기가 충분히 어필되었다는 전제하에 호감도를 끌어올릴 수 있는 소재 정도라는 점을 명심하자. 다시 말하면, 이것도 지나치면 곤란하다는 이야기다.

글의 구조 가이드

❶ 특이한 인생 경로를 갖게 된 계기 : 전공을 변경한 이유, 유학을 간 이유 등 자신의 인생 경로에 대한 배경을 간단하게 설명한다.

❷ 변화의 포인트 : 그 경로의 과정에서 무엇을 배우고 느꼈는지, 어떠한 변화가 있었는지를 에피소드와 함께 제시하라. 최종적으로 전달하고 싶은 포인트를 명확하게 하고, 그에 맞는 에피소드를 제시해야 한다.

❸ 결과물 제시 : '그래서 이런 가치관이 형성되었습니다. 더 나아가 이런 필살기 경험까지 만들 수 있었습니다.'라고 제시하면 면접을 염두에 둔 자소서 가 될 수 있다.

특이한 인생경로로 작성한 자소서 예시

현실에 안주하지 않고 도전하는 자세

고등학교 3학년 때 우연히 참여한 코딩 캠프에서 처음으로 코딩의 즐거움을 느끼며 IT 개발자의 꿈을 꾸게 되었습니다. ❶하지만 이미 입시가 얼마 남지 않은 시점이라 충분히 준비할 시간이 부족했고, 결국 당시 성적에 맞춰 개발과는 무관한 학과에 진학하게 되었습니다. 그럼에도 불구하고 코딩에 대한 흥미와 열정은 쉽게 사그라지지 않았고, ❷대학 재학 중 참여한 해커톤 프로젝트를 통해 개발자의 꿈을 포기할 수 없다는 확신이 들었습니다. 이에 다시 한번 도전하기로 결심했고, 결국 전자공학과로 전공을 변경하는 데 성공할 수 있었습니다.

전공 변경 이후에는 전공의 기초부터 한 과목도 소홀히 하지 않고 최선을 다해 공부했습니다. 전공 심화 과정에도 도전하며 지식을 넓히려 노력했고, 때로는 쉽지 않은 과정이었지만 포기하지 않았습니다. 이후 ❸매년 열리는 학교 코딩 대회에 참여하면서, 치열한 준비 끝에 1등을 차지하는 값진 경험을 할 수 있었습니다.

❹이 과정을 통해 저는 어떤 상황에서도 안주하지 않고 준비와 도전을 멈추지 않는 자세가 얼마나 중요한지를 배웠습니다. 끝까지 포기하지 않고 노력하면 반드시 이뤄낼 수 있다는 믿음은 제게 큰 자신감을 주었고, 앞으로 개발자로서 성장하는 데 든든한 밑거름이 될 것이라 확신합니다.

---

❶ 코딩에 대한 관심으로 관련 학과에 진학하고 싶었지만 그러지 못했던 과정을 통해 전공 변경에 대한 배경을 전달하고 있다.

❷ 왜 코딩과 개발자의 꿈을 포기할 수 없었는지 구체적인 해커톤 프로젝트를 통해 전달했다.

❸ 최종적으로 전달하고 싶었던 성공 경험을 코딩대회로 소개하고 있다.

❹ 인생경로와 관련된 경험을 통해 '안주하지 않고 준비와 도전을 한다'라는 나만의 가치관을 전달하여 성장 과정을 마무리하고 했다.

3. 기업 인재상과 연계한 가치관을 제시하는 방법

가치관을 소개하되, 어떠한 가치관을 제시할지 모르겠다면 기업에서 선호하는 주요 가치관을 중심으로 제시하라. 보통은 홈페이지에 인재상으로 게시되어 있고, 어떤 기업들은 자소서 문항에서 아예 이 부분을 요구하기도 한다.

그런데 우리는 여기서 두 가지 문제에 봉착한다. 하나는 가치관이 뭔지 정확히 모르겠고, 이 가치관을 기업의 인재상과 어떻게 연결시킬지 알기 어렵다는 것이다.

기업의 인재상은 대부분 한쪽으로 치우쳐 있지 않고, 여러 영역에서 설명할 수 있도록 균형 있게 설정한다. 엄밀히 따지면, 명확한 기업의 인재상이 있는지도 불명확한 기업이 많다. 자, 그렇다면 우리는 이런 상황에 어떻게 대응할 수 있을까?

나의 가치관을 먼저 정리해 놓고 이와 연결되는 기업의 인재상을 찾으면 된다. 어차피 단어의 차이이고, 결국은 경험과 관점으로 설명하는 수밖에 없다. 이런 맥락에서 여러분이 사용하면 좋을 가치관을 7가지의 키워드로 정리했다. 수년 전 그룹의 인재상과 경영철학을 개발했던 프로젝트의 PM을 맡은 적이 있다. 그 경험이 이렇게 사용될 지는 몰랐는데, 당시 1년 반을 고민하며 발견한 핵심 인재들의 키워드를 소개한다. 아래 키워드를 활용하면 여러분 의 가치관을 표현하기가 훨씬 쉬워질 것이다.

인재상 관점의 가치관 리스트

❶ 주도적인 사람 : 열정적, 집요함, 도전, 창의성

❷ 성장하는 사람 : 배우려는 자세, 실패에서 교훈을 얻고 학습을 통해 성장

❸ 정직한 사람 : 정직하기 위해 손해 본 경험이 있는 경우

❹ 글로벌 지향적인 사람 : 해외, 외국인과 연결된 사례

❺ 적응력이 높은 사람 : 급격한 환경 변화 상황 - 거주지, 역할 등

❻ 포기하지 않는 사람 : 끈질긴 경험, 오랜 기간 남들의 만류에도 불구하고 달성한 것

❼ 남을 배려하는 사람 : 주관적이기보다 객관적으로 상대가 감동한 사례

글의 구조 가이드

❶ 해당 가치관을 갖게 된 계기 : 영향을 준 인물이나 사건을 적어주고, 그때 영향을 받게 된 말이나 결과 등을 구체적으로 제시하라. 소제목 작성의 원리를 적용하면 좋다.

❷ 그 가치관을 형성하게 된, 혹은 그런 가치관이 드러난 경험 : 1~2개의 에피소드를 비교적 자세하게 작성한다. 내가 그러한 가치관이 있다는 것을 읽는 사람에게 설득력 있게 제시하기 위해 에피소드를 적는 것이다. 일관성을 어필하기 위해서 에피소드의 기간은 긴 것이 좋다.

❸ 갈무리 : '이러한 가치관이 있기 때문에 이 회사에서도 이러한 포인트로 기여하겠습니다.'라고 글을 마치면 된다.

기업 인재관과 연계한 가치관으로 작성한 자소서 예시

가치관 : 포기하지 않는 사람

완벽주의로 포기하기보다 완성 주의로 도전

학부 시절 저는 완벽주의로 인해 새로운 시도를 망설이곤 했습니다. 실패하지 않으려면 아예 시도하지 않는 것이 낫다는 생각에 사로잡혀 있었습니다. ❶ 그러던 중 지도 교수님께서는 "완벽하려다 아무것도 시도하지 않는 것보다, 실패를 통해 배우는 것이 더 중요하다"는 말씀으로 제 사고방식을 바꿔주셨습니다. 그 조언을 통해 저는 실패조차도 성장의 과정이라는 사실을 깨달았고, 이후에는 도전을 두려워하지 않고 무엇이든 시도해 보려는 태도를 가지게 되었습니다.

❷ 이러한 가치관을 시각디자인 졸업작품을 준비하며 더욱 확고히 했습니다. 애플 디스플레이 디자인을 기획하는 졸업작품을 준비하는 초기에는 '완벽한 결과물을 만들어야 한다'는 압박감으로 인해 기획을 수차례 엎고, 작업을 미루며 제자리걸음을 반복했습니다. 하지만 마감이 다가오자 '차라리 포기할까'라는 생각까지 들었습니다. 그때 완벽주의가 아닌 완성 주의를 떠올리고 다시 작품 완성에 박차를 가했습니다. 가장 답답했던 모바일 레이아웃을 주변 친구들과 선배들의 도움을 받아서 실패와 수정 과정을 거듭한 끝에 마침내 작품을 완성할 수 있었습니다. 비록 아쉬움이 남는 작품이었지만 끝까지 도전해 보면서 포기하지 않는 태도와 어떻게든 완성해 보는 경험을 만들 수 있었습니다.

❸ 입사 후, 어떠한 어려움이 앞에 몰려와도 끝까지 포기하지 않고 무엇이든 해보려는 자세로 문제해결에 기여하는 인재가 되겠습니다.

❶ 포기하지 않는 사람에 대한 자신의 가치관을 가지게 된 계기를 지도 교수님의 조언으로 시작하고 있다.

❷ 가치관이 확고하게 형성된 경험을 졸업작품을 완성한 과정을 통해 소개하고 있다.

❸ 쉽게 포기하지 않는 자세로 어떻게 기여할 것인지 포부를 간략히 잘 전달했다.

1. 직무 일관성

> ### ✦ AI 프롬프트 가이드라인 : **직무 일관성으로 성장과정 완성하기**
>
> 아래 데이터를 참고해서 직무 일관성이 형성된 배경의 성장 과정 자소서를 만들어줘.
>
> **직무일관성 관련 내용**
> - 직무 : 품질관리
> - 관심을 가지게 된 계기 : 대학교에서 진로 탐색으로 울산으로 공장 견학을 가게 되면서 품질관리에 대한 관심을 가지게 됨
> - 관련 경험 소제목 : 전공 실험하면서 매뉴얼 기반으로 품질 불량률을 낮췄던 경험, 품질관리 관련 교내 교육 프로그램을 꾸준히 이수해 왔음
> - 최종 결과물 : OO회사 계약직 근무에서 불량률을 1%대로 낮출 수 있었음
>
> **작성 조건 :**
> 1. 글의 흐름이 직무에 관심을 가지게 된 계기, 계기로 만들어진 경험 소개, 그 경험으로 최종적으로 만들어진 경험으로 만들어줘.
> 2. 소제목을 만들어주는데 글 전체를 글을 압축, 요약하는 형태로 만들어줘. 단순 명사가 아니라 문장형 또는 키워드 조합으로 구성해. 단, 문단별로 소제목을 넣지 말고 1번만 소제목을 넣어줘.

Tip : 직무에 대한 관심을 가지게 된 계기에 대해 너무 어렵게 생각하지 말고 진솔하게 작성해 보는 것이 좋다. 만약 떠오르지 않는다면 AI에게 '직무에 대한 관심을 가지게 된 계기에 대해서 도움을 받고 싶은데 OO직무에 대해 예시 5개를 추천해 줘'라고 전달해 보자.

2. 특이한 인생경로

> **✦ AI 프롬프트 가이드라인 : 특이한 인생경로로 성장과정 완성하기**
>
> 아래 데이터를 참고해서 내 가치관이 형성된 배경의 성장 과정 자소서를 만들어줘.
>
> **가치관 형성 관련 내용**
> - 나만의 인생경로 : 어린 시절 유학을 떠나게 되면서 학창 시절이 적응의 연속이었음. 다름에서 오는 차별과 두려움으로 친구들과 잘 어울리지 못했음.
> - 변화 포인트 : 클럽활동에서 한 친구가 다가와서 조금씩 단어를 알려주고 같이 활동을 해줌. 친구를 통해서 문화가 다른 친구들과 어울리는 것의 즐거움을 느낌.
> - 최종 결과물 : 문화의 다양성을 경험하면서 각 문화권의 특징과 배경을 이해하게 되었음. 이때 경험하게 된 다양성으로 푸드 페스티벌에서 우리 부스가 가장 높은 방문율을 기록하는 경험을 가지게 됨
>
> **작성 조건 :**
> 1. 글의 흐름이 직무에 관심을 가지게 된 계기, 계기로 만들어진 경험 소개, 그 경험으로 최종적으로 만들어진 경험으로 만들어줘.
> 2. 소제목을 만들어주는데 글 전체를 글을 압축, 요약하는 형태로 만들어줘. 단순 명사가 아니라 문장형 또는 키워드 조합으로 구성해. 단, 문단별로 소제목을 넣지 말고 1번만 소제목을 넣어줘.

Tip : AI는 내가 준 정보 기반으로 유추해서 글을 생성한다. 나의 특별한 인생 경로 이야기를 주절주절 적어도 괜찮으니 관련 내용을 전달해 보자.

3. 가치관

> ### ✦ AI 프롬프트 가이드라인 : **가치관으로 성장과정 완성하기**
>
> 아래 데이터를 참고해서 내 가치관과 관련된 내용으로 성장 과정 자소서를 만들어줘.
>
> **가치관 형성 관련 내용**
> 1. 나의 가치관 : 주도성
> 2. 가치관을 가지게 된 계기
> - '일본 전산 이야기' 책을 통해 '문제는 해결하기 위해 존재한다'는 한줄이 마음에 기록됨. 문제가 발생할 때마다 좌절했는데 해결해야 할 대상이라는 것을 깨닫게 되면서 두려움이 도전정신으로 변하게 됨.
> 3. 가치관과 관련된 경험
> - 문제 : 프로젝트에서 데이터 클렌징을 진행하는데 할 때마다 데이터가 틀어져서 분석이 진행되지 않았음.
> - 감정 : 시간과 에너지를 쓰는 데도 계속 데이터가 달라져서 좌절감이 들기 시작함
> - 해결 : 다시 데이터를 다운로드받아서 수식을 하나씩 입력해 보니 필터가 문제였다는 것을 깨닫고 3일 걸리던 클렌징을 하루 만에 모두 끝냄
>
> **작성 조건:**
> 1. 글의 흐름을 내 인생의 가치관, 가치관과 관련된 경험, 입사 후 포부로 마무리해서 글을 완성해 줘.
> 2. 소제목을 만들어주는데 글 전체를 글을 압축, 요약하는 형태로 만들어줘. 단순 명사가 아니라 문장형 또는 키워드 조합으로 구성해. 단, 문단별로 소제목을 넣지 말고 1번만 소제목을 넣어줘.

Tip : 7가지 가치관 중 하나를 선택하고 해당 가치관이 형성된 계기와 그로 인한 경험을 자세히 전달하자. 두루뭉술할수록 내 경험이 아닌 듯한 자소서가 만들어질 수 있으니 아래 예시를 참고해서 요청해 보자.

성장 과정을 위의 내용으로 적기 전에 반드시 체크해야 할 것

성장 과정 문항에 필살기를 포함할지 여부를 결정할 때는 항상 다른 문항과의 균형을 확인해야 한다. 필살기는 전체 자소서에서 가장 중요하기 때문에, 다른 문항에서 충분히 제시되지 않았다면 성장 과정에서라도 필살기를 명확히 넣어주자. 문항이 간소화 되는 추세인데, 다른 문항에서 필살기를 충분히 표현할 수 없다면 어쩔 수 없이 성장 과정 문항에 필살기를 써야 한다. 자소서 전체 문항을 보고 필살기의 배치를 먼저 결정하라.

Don't 리스트
1. 남 탓 : 문제 원인을 남에게 돌리는 성장 과정 (남 탓하지 말자)

언제나 남 탓하는 것은 옳지 않다. 문제의 원인을 나에게서 찾아서 해결한 포인트를 잡도록 하자. 남 탓하는 사람은 회사에 와도 회사 탓, 상사 탓, 동료 탓을 하지 않을까 하는 우려가 된다. 문제의 원인을 내가 아닌 외부로 돌리는 것 같은 표현은 피하는 것이 좋겠다.

2. 권위자(부모님, 상사, 교수 등)와의 갈등을 강조하는 성장 과정 (권위 마찰은 피하자)

부모님과의 갈등, 선생님, 교수님 등과의 갈등 등을 소재로 하면 입사 후 상사와의 갈등을 우려하게 만들 수 있고, 회사에서 동일한 문제가 반복될 수 있다고 생각할 수 있다. 굳이 극복을 한 사례라 하더라도, 권위와 마찰이 있었던 경험은 가급적 피하는 것이 좋을 것 같다.

3. 기업에 부정적인 인상을 줄 수 있는 반기업적 가치관 표현 (반기업적 표현 금지)

반기업 정서는 '회사는 노동자를 갈취하는 대상'이라는 프레임을 갖고 있다. 또한 누군가 이미 가지고 있는 것에 대해서 '왜 너 혼자 그 정보와 재력을 갖고 있는 거야?'라고 극단적으로 생각하는 경우도 있다. 반면에 기업은 회사를 포함하여 모든 직원이 열심히 노력해서 투자하고, 밤을 새워서 고객 만족시킨 대가로 돈을 벌어야 한다는 관점을 선호한다.

이런 인재상과 가치관을 다루는 채널이 '퇴사한 이형'이다. 경영학의 아버지라 불리는 피터 드러커의 책을 선정해서 함께 학습하고 공부하는 내용인 만큼 평소에 이 스트리밍에 참여하거나, 홈페이지와 유튜브에 올려진 재생목록을 정주행하길 바란다.

> ### ⊘ 핵심 Point!
> 직무 일관성, 특이한 인생 경로, 혹은 기업의 인재상에 부합하는 가치관을 어필하자. 내용 구성은 계기, 에피소드(1~2개), 갈무리로 구성해 보자.

Chapter 5
성격의 장단점

성격의 장단점 작성법: '컬처핏'을 드러내는 전략적 접근법

최근 기업들이 다시 성격의 장단점 문항을 중요하게 여기는 이유는 명확하다. 직무 역량뿐 아니라 기업의 가치관과 문화에 맞는 사람, 즉 컬처핏(Culture Fit)을 찾기 때문이다. 컬처핏은 단순히 좋은 성격을 의미하지 않는다. 함께 일하고 싶은 사람, 조직에서 팀과 조화롭게 성과를 낼 수 있는 사람인지를 보는 관점이다.

성격의 장단점 문항은 여러분이 자신을 얼마나 객관적으로 이해하고 관리할 수 있는지 평가한다. 특히 면접관이 가장 궁금해하는 건 **단점**이다. 단점이 없는 사람은 없다. 중요한 건 자신의 단점을 정확히 이해하고 이를 보완하는 방법을 알고 있다는 점이다.

다음 세 가지를 기억하고 성격의 장단점을 전략적으로 작성하자.

❶ 장점: 직무 일관성 및 컬처핏 강조

성격의 장점은 여러분의 직무와 기업문화에 잘 맞는 것을 선택하자. 막연히 '성실함'이나 '책임감'이라 표현하는 대신, 여러분의 성격이 실제 업무 상황에서 어떻게 발휘되었는지를 명확히 연결해서 작성해야 한다.

장점 작성 구조:

- 장점 1가지 + 이를 잘 드러낸 사례(직무 관련) 2~3개
  (예시: "저는 분석적이고 객관적인 성격입니다. 교내 프로젝트에서 고객 데이터를 분석해 매출 20% 상승을 이끌었고, 동아리 활동에서 설문조사를 통해 참가자 만족도를 30% 높였습니다.")

> 성격의 장점과 관련 경험 여러 개로 작성된 자소서 예시

직무 : 교육 기획

[목표 달성을 즐기는 성취 지향적인 사람]

저는 성취 지향적인 성격으로 목표 달성을 위해 끊임없이 노력합니다. 이러한 성취 지향적인 성격으로 목표했던 결과를 모두 달성했던 경험이 있습니다. 대학교에서 신입생 워크숍을 진행하면서 이전 대비 자발적으로 참여하도록 프로그램 구성을 강의형에서 참여형으로 변경하여 이전 대비 참여율을 2배 개선시킨 경험이 있습니다. 또한, 학원에서 근무할 때는 학생들이 수업 내용에 더 몰입할 수 있도록 학습자료와 진행 방식을 변경하여 해당 기수 만족도를 목표 대비 130% 달성할 수 있었습니다.

> 성취 지향적이라는 장점으로 목표 달성했던 경험들을 나열하고 있다 여러 경험 중에 교육 기획 직무와 연결된 경험들로 나열하여 직무 일관성이 더해지고 있다.

❷ 단점: 솔직하게 인정하고 보완책 제시하기

면접관은 지원자의 단점 자체가 아니라 단점에 대한 자기 인식과 관리 방법이 궁금하다. 단점을 숨기거나 모호하게 작성하지 말고, 솔직히 인정한 뒤 이를 어떻게 관리하고 있는지 구체적으로 표현하는 게 핵심이다.

단점 작성 구조:

· 단점 1가지 (솔직히 인정)
· 단점으로 어려웠던 사례 1개
· 극복 및 보완 방법과 성공 사례 1개
(예시: "저는 성격이 급해 간혹 세부 사항을 놓치는 편입니다. 프로젝트 초기에 세부 사항을 누락해 실수를 경험했습니다. 이후 체크리스트를 도입하고 프로젝트 시작 전 팀과 사전 회의를 진행하여 현재는 90% 이상 실수를 예방하고 있습니다.")

성격의 단점과 관련 경험으로 작성된 자소서 예시

[반복 업무를 견디는 나만의 집중 루틴]

반면 저는 반복적인 업무에 쉽게 지겨움을 느끼는 편입니다. 서류 행정 작업에서 원본과 대조하여 누락된 데이터 수정 건을 한 번에 처리하려고 하다가 누락을 발견하지 못하고 재작업을 여러 번 하는 비효율이 발생했습니다. 이를 해결하기 위해 처리해야 할 서류의 양을 배정해 두고, 최대 집중을 할 수 있는 시간을 세팅하여 미루지 않도록 업무를 진행하여 기한 내 행정작업을 100% 완성시킬 수 있었습니다. 대량의 반복되는 작업이 올 때마다 시간 배정과 분량을 정해서 미루는 습관을 개선시킬 수 있었습니다.

성취라는 장점에 반하는 반복적인 행정에 대한 지겨움을 솔직한 단점으로 전달하고 있다. 지겨움만 느끼고 문제가 발생했다면 아쉬운 단점이었겠으나 분량, 시간 배분이라는 본인만의 방법을 통해 단점을 보완하고 있다는 점이 구체적인 사례로 전달했다.

3. 컬처핏을 위한 팁: MBTI 활용하여 키워드 찾기

성격의 장단점을 스스로 명확히 파악하기 어려울 때는 MBTI와 같은 심리검사를 활용하는 것이 유용하다. MBTI 결과를 기반으로 여러분의 성격을 나타내는 핵심 키워드를 찾아내면, 자신을 더 객관적으로 설명할 수 있다.

예시

- MBTI 결과(ESTJ):
  현실적이고 계획적인 성격 → 프로젝트 관리나 성과 목표 달성에 적합.

- MBTI 결과(INTJ):
  사고 전환이 빠르고 전략적 사고를 잘함 → 새로운 아이디어 제안과 전략 기획에 강점.

이렇게 자신의 성격을 MBTI 결과로 명확히 정의하고, 이를 여러분의 직무·기업에 맞게 연결하면 컬처핏을 자연스럽게 드러낼 수 있다.

✦ AI 프롬프트 가이드라인 : 장단점 자소서 완성

아래 내 성격 데이터를 참고해서 성격의 장단점 자소서를 만들어줘.

1. 장점: 적극적으로 문제해결을 하는 성격
- 장점과 관련된 경험: 편의점 아르바이트 당시 팔리지 않는 재고로 폐기가 쌓여가는 걸 계산대 앞에 둬서 폐기율 0% 낮춤. 동아리방에서 재고가 정리되지 않은 채로 쌓이는 물품들을 적재 공간을 재배치해서 동아리실 창고 배치 공간을 30% 확보함

2. 단점: 거절을 잘하지 못함
- 단점과 관련된 경험: 거절을 잘 하지 못해서 내가 맡은 업무만 딜레이가 발생함
- 극복한 방법: 내 업무의 우선순위를 미리 정하고 데드라인을 정한 다음에 먼저 내 업무의 데드라인을 말하고, 가능한 일자를 다시 소통해서 업무 조율을 하기 시작함. 이전에는 조율 없이 모두 하겠다고만 함.

작성조건
1. 글의 흐름이 자연스럽게 이어지도록 장점 → 장점과 관련된 경험 → 단점 → 단점과 관련된 경험 → 단점 극복 방법 순으로 구성해 줘.
2. 단점은 단점 소개, 관련된 경험, 극복 방법과 함께 현재 개선된 상태를 반드시 포함해. 최종적으로 단점 극복 경험을 통해 성장한 모습을 강조하여 마무리해 줘.

Tip 1 : 만약 단점을 고르기 어렵다면, 내 장점을 주고 이와 상충하지 않는 단점을 추천해달라고 요청해 보자 (단, 유리멘탈, 고집쟁이는 제외할 것)
Tip 2 : 내가 극복한 방법이면 괜찮으니 사소한 방법이라도 작성해 보자.
Tip 3 : 경험을 소제목 형식으로 압축하기가 어렵다면 문장형으로 풀어서 작성해서 전달해도 괜찮다.

'성격의 장단점' 작성 시 꼭 피해야 할 것 (Don't 리스트)

아래 사항들은 성격의 장단점을 작성할 때 반드시 피해야 하는 표현이다.

✘ 유리멘탈이나 부정적 감정 표현

("멘탈이 약하다", "실패로 쉽게 의욕을 잃는다" 등 부정적 표현은 피하자.)

✘ 고집스럽거나 비협조적인 성격 표현

("고집이 세다" 대신 "의견이 강하지만 타협과 협업을 배웠다"로 표현할 것.)

✘ 지나치게 꾸며낸 표현

(직무에 맞추려고 거짓으로 꾸미지 말고 실제 자신을 표현할 것. 회계직무라고 꼼꼼함만 강조할 필요는 없다. 친화력이나 소통력을 강조해도 충분히 좋다.)

성격의 장단점 핵심 요약

❶ 장점은 직무, 기업과의 일관성 및 컬처핏을 강조하자.
❷ 단점은 솔직히 인정하고, 극복 방법과 성공 사례를 명확히 제시하자.
❸ MBTI 등 객관적인 검사를 활용해 성격 키워드를 찾아내면 설득력이 높아진다.
❹ 성격의 장단점은 결국 '기업이 함께 일하고 싶은 사람인지'를 판단하는 기준이다.

성격의 장단점은 여러분이 자신을 얼마나 객관적으로 이해하고 있는지, 조직과 얼마나 잘 어울릴 수 있는지 보여주는 기회다. 여러분이 이 문항을 전략적으로 잘 활용하면 기업의 기대를 넘어서는 확실한 '컬처핏'을 드러낼 수 있을 것이다.

부록

1. 자유문항 작성 가이드라인
2. 자소서에서 자주하는 실수(공통)
3. 셀프 자소서 첨삭 체크리스트
4. 역량에 대한 이해

부록 1

자유문항 작성
가이드라인

최근 많은 기업이 자소서에 특정한 문항을 제시하지 않고 자유롭게 작성하여 제출하도록 요구하는 경우가 늘고 있다. 자소서의 자유문항은 일반적으로 기업이 평가할 기준을 명확히 설정하지 않았거나, 지원자의 자기 주도성과 관점을 평가하기 위한 의도가 담겨 있다. 특히 채용에 명확한 기준이 없거나 우선순위를 두지 않은 기업들이 주로 선택하지만, 성장 가능성이 큰 스타트업이나 강소기업에서도 종종 자유문항을 활용한다. 그러므로 자유문항을 마주했을 때도 당황하지 말고 잘 대응한다면, 생각지 못한 좋은 결과를 맞이할 수도 있으니 아래 가이드라인을 참고하여 3가지 문항으로 대응하자.

자유문항의 핵심 작성 요령

자유문항을 만났다고 복잡하게 고민할 필요는 없다. 오히려 여러분이 준비한 '필살기'를 가장 명확하고 설득력 있게 표현할 기회로 삼으면 된다. 중요한 점은 자유롭게 쓰되, 명확한 핵심 포인트를 강조해 자신을 확실히 드러내는 것이다.

자유문항을 작성할 때의 핵심 원칙은 다음과 같다.

- **필살기를 중심으로 작성**한다. (경험에서 문제를 해결한 액션과 결과물을 명확히 제시)
- 복잡하고 어려운 내용을 쓰려하지 말고, 자신을 표현하는 가장 핵심적인 포인트를 최대 3가지로 간결하게 정리한다.

빠르게 적용할 수 있는 추천 문항과 작성법

자유문항 작성이 막연하다면, 다음 세 가지 대표 문항을 활용하여 간단하게 대응하자. 아래의 문항을 여러분이 이미 준비한 '3C4P 프레임'에 맞춰 빠르게 작성하면, 어떠한 기업이 요구하는 자유문항에도 효과적으로 대응할 수 있다.

❶ 지원동기 중심 문항 (기업 조사와 필살기를 연결하기)
- 기업의 핵심 경쟁력을 빠르게 조사하고, 내가 보유한 필살기 중에서 해당 기업이 요구하는 역량과 가장 잘 연결되는 내용을 작성한다.
- [예시 문항] 지원 동기
- 참고 챕터 : CHAPTER 4 | 지원 동기 (p.195)

❷ 직무 관련 경험 문항 (필살기 + 밑살기로 대응하기)
- 필살기 중 가장 강력한 경험 하나와 밑살기(강력한 숫자는 없지만 직무와 연관된 경험)를 통해 직무 적합성을 효과적으로 표현한다.
- [예시 문항] 직무 관련 경험 및 성공 경험
- 참고 챕터 : CHAPTER 3 | 필살기 문항 (p.59)

❸ 추가 성공 경험 문항 (필살기 2번으로 대응하기)
- 필살기 2번으로 준비해 놓은 성공 경험을 그대로 제시해 자신의 목표 달성 능력과 성과 창출 능력을 효과적으로 전달한다.
- [예시 문항] 도전/열정적인 경험
- 참고 챕터 : CHAPTER 3 | 필살기 문항 (p.59)

자유문항 작성 예시

1. 기업 지원동기

자금 관리를 통한 가성비 시장 NO.1에 기여

학창 시절 대용량 사이즈로 즐거움을 주는 더벤티를 처음 접하게 되었습니다. 카페 레드오션 속에서 더벤티는 자사만의 확고한 무기를 가지면 성공할 수 있다는 이념을 바탕으로 가성비, 간단 레시피, 선택의 다양성에 대한 경쟁력을 가지고 있습니다. ❶ 특별히 대용량 커피음료를 합리적인 가격인 1,500원에서 3,000원대로 판매하여 1020대 고객층의 관심을 사로잡은 점은 전 연령층을 사로잡는 전략임을 알 수 있었습니다. 또한 직접 추출해야 하는 11가지 커피 메뉴는 가맹점에서 직접 제조하고, 레시피가 복잡한 메뉴는 본사에서 공급한 원 팩 시스템을 도입하여 쉽게 표준화된 맛을 제공합니다. 이러한 경쟁력을 바탕으로 더벤티는 1000개 이상의 가맹점을 보유하며, 전국 가맹점의 연평균 매출이 2억 2천만원에 이르는 성장을 이루어냈습니다.

❷ 이러한 더벤티의 경쟁력에 기여하고자 재무팀에서 월 마감 프로세스 매뉴얼화로 결산 마감 소요 시간 30% 단축 경험이 있습니다. 구두로 관리되고 낭비되던 시간과 프로세스를 매뉴얼로 정리하여 문제를 해결할 수 있었습니다. ❸ 이러한 경험을 바탕으로 회계 직무를 수행하며, 빠른 결산을 통해 고객에게 표준화된 제품을 제공할 수 있도록 기여하겠습니다.

❶ 가격경쟁력과 함께 주요 고객층이 누구인지 전달하여 기업의 핵심 경쟁력을 전달하고 있다.

❷ 결산 마감을 개선시켜 본 회계직무 관련된 경험을 가지고 필살기 경험을 전달하고 있다.

❸ 성공 경험 기반으로 고객들에게 기여할 점으로 간단하게 마무리하여 입사 후 포부를 마무리했다.

자유문항 작성 예시

2. 직무 관련 경험 및 성공 경험

저는 대학생 시절부터 자금의 흐름에 관심을 가지면서 회계와 총무의 역할을 도맡아왔습니다. ❶ 낭비 비용을 발견하거나, 지저분하게 관리된 장부를 볼 때마다 정리를 하면서 불필요한 지출을 없애고 회비의 흐름을 투명하게 관리를 해오며 회계에 대한 관심을 키워왔습니다. 이러한 경험을 바탕으로 재무팀에서 결산 마감 시간을 단축한 경험이 있습니다.

> ❶ 구체적인 숫자로 제시하기는 어려운 밑살기에 해당는 경험을 앞단에 전달하여 직무에 대한 일관성을 전달하고 있다.

월 마감 프로세스 매뉴얼화로 결산 마감
소요 시간 30% 단축

재무팀 계약직으로 근무하던 당시, 월 마감 결산 지원 업무를 맡아 분개 입력 및 결산 체크리스트 작성 등을 보조했습니다. 초기에는 구두 커뮤니케이션 중심의 결산 절차로 인해 잦은 분개 누락과 이중 입력 등의 오류가 발생했고, 전체 결산 완료까지 평균 5일이 소요되었습니다. 반복적인 오류가 왜 발생 파악을 위해 이전 월 결산 자료 3개월 치를 분석해본 결과 분개 기준이 사람마다 다르게 해석되거나 누락되는 항목이 일정하게 반복된다는 공통점을 발견했습니다.

이후 기준을 바로잡고자 가장 먼저 반복 실수의 유형을 정리했습니다. 내용을 토대로 '월 마감 분개 기준표'와 '결산 오류 체크리스트'로 구성된 결산 매뉴얼을 작성해 공유했습니다. 특히 임차료, 감가상각비, 선수금 처리 등 반복 오류가 많았던 항목에 대해 계정과목, 분개 기준, 매출·매입 타이밍별 처리 기준을 도표화했고, 결산일 직전에는 실무자들이 자주 놓치는 항목 중심으로 체크리스트 점검을 요청했습니다. 이후 매월 결산 전 매뉴얼을 기반으로 실무자들과 사전 점검 회의를 진행하며 정산 데이터를 선제적으로 보완했습니다. ❷ 그 결과, 해당 분기에 결산 오류율은 0%를 달성했고, 전체 결산 마감 소요시간을 평균 5일에서 3.5일로 30% 단축할 수 있었습니다.

❸ 이 경험을 통해 '즉시, 반드시, 될 때까지 한다'의 정신으로 문제를 끝까지 파고드는 끈기의 중요성을 배울 수 있었습니다. 앞으로도 작은 개선이라도 즉시 실천하고, 재무 정확성과 마감 효율을 높이기 위해 집요하게 실행하는 회계 담당자가 되겠습니다.

❷ 내가 가진 경험 중 가장 강력한 경험을 한가지를 이어서 전달하여 직무 적합성을 전달하고 있다.

❸ 경험을 통해 배운 인사이트를 일본 전산 이야기 정신으로 연결지어 입사 후 포부로 전달하고 있다.

> 자유문항 작성 예시

3. 문제를 해결해 본 경험

예산 관리 프로세스 개선을 통한
초과 예산 비용 25% 절감

> ❶ 직무 KPI 달성과 관련된 문제상황을 배경으로 전달하고 있다.
>
> ❷ 문제가 발생한 상황을, 근거 있는 액션들을 기반으로 해결하고 해결된 내용을 결과로 전달하여 성과 창출 능력을 효과적으로 전달했다.

대학교 영상 제작 동아리에서 총무를 맡아 1년간 회비와 학교 지원금을 기반으로 지출을 관리했습니다. 이전 장부를 검토한 결과, ❶ 전체 지출의 약 60%가 회식비와 장비 대여비로 반복되고 있다는 점을 확인했습니다. 이에 3년 치 지출 내역을 분석한 결과, 승인 없는 회식비와 기기가 중복 대여로 비용이 발생한다는 것을 알게되었습니다. 또한 이전 기수 중 예산을 효율적으로 운영했던 장부 조사를 통해, 공용 장비를 정리해 대여 체계를 통합하고 회식비에 상한선을 두었던 기수가 상대적으로 지출이 안정적이었다는 점을 발견했습니다.

먼저 활동별 지출 데이터를 근거로 예산 배분 비율을 재조정하고, 회식비 상한제를 도입하는 안을 제안했습니다. 인원수와 행사 목적에 따라 1인당 사용 가능한 예산을 제한해 지출 기준을 명확히 정했습니다. 또한 장비 사용의 비효율을 줄이기 위해 대여 일정 공유 문서를 만들었습니다. 또한 장비 구매 대신 학과 실습실의 공용 장비를 우선 활용하는 구조로 전환했습니다. ❷ 이러한 개선을 통해 하반기 기준 운영 예산의 약 25%를 절감할 수 있었습니다. 절감된 예산은 영상제 수상작 상금과 홍보 콘텐츠 제작에 재투자 하여 동아리 활동 가치를 구성원들에게 더욱 효과적으로 알릴 수 있었습니다.

❸ 이 경험을 통해 눈에 보이지 않는 숫자 흐름을 파악하는 능력을 기를 수 있었습니다. 이처럼 일은 사람을 성장시키는 수련의 장'이라는 믿음으로, 입사 후에도 숫자에 머무르지 않고 관찰과 분석을 통해 개선을 실행하며 조직에 실질적인 가치를 더하는 회계 담당자가 되겠습니다.

❸ 누구나 경험하는 동아리를 회계 직무 관점에서 해석한 경험을 통해 얻은 인사이트를 전달하고 있다.

부록 2

자소서에서
자주하는 실수(공통)

자소서를 작성하고 탈락하고 또다시 지원공고를 찾는 과정을 반복하다 보면 도대체 내 자소서는 어디가 문제인 건가 하는 답답함을 마주하게 될 것이다. 많은 취준생이 내 자소서를 너무 많이 봐서 어디부터 고치고 바꿔야 할지 모르겠다는 어려움을 이야기한다. 그 어려움을 해결하기 위해 Chapter 3에서 비즈니스 레터 체크리스트를 제공했는데 실제로 많은 분들이 해당 툴을 활용하여 좋은 결과를 얻고 있다.

다만 체인지업 커뮤니티를 통해 연간 30,000건 이상의 자소서를 접하면서, 비즈니스 레터 체크리스트 외에도 본인의 자소서를 자주 하는 실수와 잘 작성된 자소서 케이스 스터디를 통해 피드백해 보는 것의 필요성을 느꼈다. 자소서 유형별 자소서를 통해 구체적인 적용 점을 발견하고 수정해 볼 수 있도록 Before, After의 내용으로 케이스를 구성했다. 참여자들의 약 400개의 자소서를 세밀하게 분해한 데이터를 기반으로 자소서 실수 유형을 크게 5가지로 나누고 케이스 설명을 통해 Before/After로 어떻게 디벨롭을 해야하는지 케이스가 수록되어 있다. 자주 하는 실수 유형을 통해 여러분의 고민의 폭이 좁아지기를 기대한다.

자소서별 두 개 이상의 실수 유형이 발견되는 경우가 많아, 전체 합산 비율은 100%를 넘을 수 있음.

1. 액션의 근거가 없는 자소서 (61%)

#신입 #인턴 #회계

> BEFORE

[낭비 발생 고정비 제거로 부서 예산 초과 비용 10% 절감]

　○○에서 인턴으로 예산 집행을 진행하면서, 회사의 고정비 지출이 매우 높아 경영진으로부터 지속적으로 비용 절감 방안을 요구받았습니다. 이에 부서별 예산 사용 현황을 전수 조사를 진행하여 불필요한 내용들을 먼저 정리했습니다.

　이후 효율적인 비용 관리를 위해 사용률이 저조한 외부 회의실 임대 비용, 비품의 개별 구매 방식을 제거하고 통합 관리 체계를 구축했습니다. 또한 임대료가 불필요하게 발생되지 않도록 회의실 예약 시스템을 전사적으로 표준화하고, 비품은 공동 구매로 전환해 단가를 절감했습니다. 또한 전사 인트라넷 공지를 통해 모든 부서에 새로운 지출 프로세스를 안내하고, 주요 부서를 대상으로 '예산 절감 우수팀' 선정 이벤트를 기획해 절감액의 일부를 포상금으로 지급하며 참여를 유도했습니다. 이러한 노력의 결과 부서별 지출 패턴이 개선되었고, 회사 전체 비용의 10%를 절감할 수 있었습니다.

액션의 근거를 전달하자!

해당 글만 읽었을 때 문제를 해결한 것처럼 보이지만 핵심 낭비 원인이 무엇인지가 드러나지 않아 문제의 원인을 파악하기 힘들다. 또한 여러 액션으로 임대 비용 제거, 구매 방식 변경, 시스템 도입, 우수 팀 이벤트를 도입했는데 왜 이 액션들이 낭비되는 고정비 제거에 도움이 되는지 논리적으로 연결이 되지 않아 근거가 제대로 전달이 되지 않고 있다.
이렇게 근거 없는 액션들이 전달될 경우, 면접관의 입장에서는 근거 없는 뇌피셜로 문제해결을 했다고 생각하고 "왜 이런 액션을 했나요?"라고 질문을 던질 수밖에 없게 된다.

면접관의 예상 질문 : 갑자기 왜 저런 액션을 한 거지?

AFTER

[불필요한 고정비 제거로 부서 예산 초과 비용 10% 절감]

 ○○에서 인턴으로 예산 집행을 진행하면서, 회사의 고정비 지출이 매달 100만원씩 증가하여 경영진으로부터 지속적으로 비용 절감 방안을 요구받았습니다. 부서별 예산 사용 현황을 전수 조사를 진행하면서 불필요한 회의실 임대료와 개별 구매로 인한 수수료가 발생하고 있다는 것을 알게 되었습니다. <u>이전의 고정비용이 가장 낮았던 때를 조사하면서 예약 시스템 관리와 공동구매를 진행할 때 가장 비용 관리가 경제적으로 진행된다는 것을 발견했습니다. 또한 초기에 부서별로 경쟁할 경우, 참여도가 높다는 것을 알 수 있었습니다.</u>

 이후 효율적인 비용 관리를 위해 부서별로 취소가 잦거나 예약 하고 이용하지 않은 케이스를 정리하여 사전 예약한 후 이용 전 크로스 체크를 할 수 있도록 더블 체크 알림을 도입했습니다. 또한 비품은 필요할 때마다 개인카드로 구매하는 것이 아닌 월에 1번 공동 구매로 전환해 단가를 절감했습니다. 이러한 변화들이 잘 전달되기 위해 전사 인트라넷 공지를 통해 모든 부서에 새로운 지출 프로세스를 안내했습니다. 프로세스가 잘 정착할 수 있도록 주요 부서를 대상으로 '예산절감 우수 팀' 선정 이벤트를 기획해 절감액의 일부를 포상금으로 지급하며 참여를 유도했습니다. 이러한 노력의 결과 각 부서별 지출 패턴이 개선되었고, 회사 전체 비용의 10%를 절감할 수 있었습니다.

2. 필살기 문항에 필살기 경험을 매칭하지 않은 경우 (16%)

#신입 #학교 경험 #연구개발

자소서 문항 : 가장 열정/도전적으로 임했던 일이 무엇이었으며, 성공과 실패 여부를 떠나서 그 경험이 나에게 어떤 의미가 있었는지 작성해 주세요.

BEFORE

[소통과 협력으로 이룬 우승 경험]

대학교 축구동아리 활동 중 저는 주장으로서 리더십과 소통의 중요성을 깊이 깨달았습니다. 당시 개인 기량이 뛰어난 선수들이 많았지만, 전술 이해와 협업이 부족해 연습 경기에서 연패를 거듭했습니다.

이를 해결하고자 팀원들과 개별 면담을 진행해 의견을 경청하여 듣고, 각자의 강점과 개선점을 공유하며 포지션을 최적화했습니다. 또한 전략 회의를 통해 전술을 함께 설계하고, 팀원들이 자유롭게 의견을 주고받는 환경을 만들었습니다. 이를 통해 선수 간 신뢰가 쌓였고, 서로의 플레이를 이해하며 자연스럽게 조직력이 향상되었습니다.

대회에서는 강팀과의 경기에서 예상치 못한 변수가 발생했지만, 사전에 논의한 다양한 시나리오를 기반으로 유연하게 대처하여 결국 우승을 차지할 수 있었습니다. 이 경험은 연구개발 업무처럼 다양한 의견을 조율하고 협력하여 최적의 결과를 도출하는 과정에서 리더십과 소통이 필수적임을 깨닫게 해주었습니다. 저는 앞으로도 기술적 전문성과 함께 원활한 커뮤니케이션 역량을 바탕으로 팀의 성과를 높이고자 합니다.

올바른 경험 매칭이 필요하다!

가장 열정/도전적으로 임했던 경험은 필살기 경험을 요구하는 문항이다. 희망하는 직무는 연구개발인데 전달한 경험은 축구동아리에서 우승한 성공 경험으로 연구개발의 유사 경험으로는 보기 어렵다. 분류하자면 빌살기에 해당히는 경험인데 필살기 경험을 전진 배치해야하는 문항에는 적합하지 않은 경험 소재이다.

AFTER

[탈부착이 가능한 체인 구동 방식 선정으로 수동 휠체어 구동 힘 20% 감소 달성]

 학부 시절 캡스톤 디자인을 진행하면서, 수동 휠체어 사용자를 위해 구동 힘과 상체 관절 질환 발생 가능성 감소를 목표로 보조장치를 제작했습니다. 당시 수동 휠체어의 구동 힘이 50%로 장애인이 사용하기에는 불편한 수준이었습니다. 5개 타사 제품을 조사하였고, 구동 방식 및 어깨 관절 질환에 관한 논문 10편을 분석하였습니다. 논문 분석을 통해 체인 구동 방식이 자세 변화 및 구동 힘 감소가 가능하다는 것을 알게 되었습니다. 따라서 체인 구동 방식과 탈부착 방식을 결합하여 타사 제품과 차별을 주었습니다.

 이를 위해 구동 힘을 감소시키는 기어비를 MATLAB을 활용하여 설정하였습니다. 그리고 표준 체형을 기반으로 어깨의 가동 범위가 0도 이하로 넘어가지 않도록 제품을 설계했습니다. 또한, 재료 선정 및 제품의 안정성 확보를 위해 유한 요소 해석 프로그램을 활용하였습니다. 3D 프린터로 필요한 부품을 만들고, 드릴링, 절삭 등의 가공을 직접 수행하여 외주 작업 비용을 30만원으로 줄일 수 있었습니다. 이후 유튜브를 활용하여 시연 영상 및 원리를 업로드하였습니다. 그 결과, 40만 원의 예산 내에서 구동 힘 20%가 감소된, 상체 관절 질환을 예방할 수 있는 수동 휠체어 보조기구를 제작할 수 있었습니다.

3. 배경이 긴 자소서(13%)

#신입 #마케팅 #대외활동

`BEFORE`

[타깃 분석과 콘텐츠 기획으로 조회수 3배 달성]

　기업 서포터즈 활동 초반, 타깃 고객층의 관심사를 제대로 파악하지 못해 팀 콘텐츠가 참여율 10개 팀 중 최하위를 기록했습니다. 이를 개선하기 위해 2주간 기존의 콘텐츠를 모니터링하고, 주요 타깃층의 관심 키워드를 분석했습니다. 분석 결과 가장 조회수나 댓글 반응이 좋았던 콘텐츠들은 제품 정보보다는 리얼 사용 후기가 강조되는 영상 콘텐츠에 반응하는 비율이 65% 이상 높다는 것을 알게 되었습니다. 또한, 이벤트 안내 시 할인 정보와 한정판 혜택을 강조하면 클릭률이 70% 이상 상승하는 패턴을 발견했습니다. 추가로, 인기 인플루언서의 제품 리뷰 포인트를 분석해서 정리했습니다. 그 외에 잘 모르는 제품군은 담당자 2명과 소통하며 제품별 차별화 포인트를 발견했습니다. 이를 바탕으로 기존의 긴 글 위주 홍보 대신 숏폼 영상과 리뷰 중심 캡션 카피 강조를 하도록 콘텐츠를 전환했습니다. 그 결과, 공식 계정에 업로드된 콘텐츠는 이전 대비 조회수가 3배를 상승했고, 팀 콘텐츠 참여율은 평균 45% 상승하며 전체 3위를 기록할 수 있었습니다.

발견과 분석, 조사는 3C로 전달하자!

자소서의 70% 이상이 경험의 배경을 설명하고 있다. 면접관의 입장에서는 배경보다 문제 해결을 위한 지원자의 핵심 액션이 궁금하다. 배경 설명은 내 액션에 의미를 더해 주는 것일 뿐이니 비율을 줄이고, 실제 발견/조사/분석한 내용을 기반으로 실행한 액션을 중점적으로 자소서를 작성해 보자.
문제해결의 핵심이 되는 숏폼을 구성하기 위해선 구체적인 내용이 있는데, 해당 내용은 한두줄로 간략히 작성되고 자소서가 끝난 점이 아쉬운 자소서이다.

면접관 속마음 : 조회수를 달성하기 위해 구체적으로 뭘 했다는 거지?

AFTER

[제품 사용 후기 중심 숏폼 기획으로 조회수 3배 향상]

기업 서포터즈 활동 초반, 타깃 고객층의 관심사를 제대로 파악하지 못해 팀 콘텐츠가 참여율 10개 팀 중 최하위를 기록했습니다. 2주간 기존의 콘텐츠를 모니터링하고, 주요 타깃층의 관심 키워드를 분석한 결과 제품 정보보다는 리얼 사용 후기가 강조되는 영상 콘텐츠에 반응하는 비율이 65% 이상 높다는 것을 알게 되었습니다. 또한, 이벤트 안내 시 할인 정보와 한정판 혜택을 강조하면 클릭률이 70% 이상 상승하는 패턴을 발견했습니다.

이를 바탕으로 기존의 긴 글 위주 홍보 대신 홍보 대신 숏폼 영상과 리뷰 중심 캡션 카피 강조를 하도록 콘텐츠를 전환했습니다. 1분 이내 숏폼을 통해서 제품소개, Top 3 키워드 후기 추가, 할인/한정판 안내로 영상을 구성했습니다. 후기 외에도 인기 인플루언서의 제품 리뷰 포인트를 분석해 '인플루언서 00의 찐 후기'라는 내용을 콘텐츠에 반영했고, 잘 모르는 제품군은 담당자와 소통하며 제품별 차별화 포인트를 정리했습니다. 유저들의 참여를 이끌어내기 위해 콘텐츠 업로드 시 고객 참여를 유도할 수 있는 댓글 이벤트 방식으로 전환했습니다. 그 결과, 공식 계정에 업로드된 콘텐츠는 이전 대비 조회수가 3배를 상승했고, 콘텐츠 참여율은 평균 45% 상승하며 전체 3위를 기록할 수 있었습니다.

4. 수치화로 성공 경험이 전달되지 않은 자소서(13%)

#신입 #UXUI #개인프로젝트

BEFORE

[사용자 경험 개선을 위한 웹페이지 로딩 구조 최적화]

웹 서비스 기획 프로젝트에서, 특정 기능 페이지에서 발생하는 느린 로딩 속도로 인해 높은 이탈률이 발생했습니다. 기능상 오류는 없었지만, 실제 사용자 환경에서 반복 테스트를 통해 로딩 시간이 꽤나 길어 몰입도가 크게 떨어졌습니다. 저희 팀의 병목 구간을 분석한 결과 필요한 모든 데이터를 첫 로딩 시에 한꺼번에 불러오는 구조, 비효율적인 API 호출 방식이 로딩 지연의 핵심 원인임을 발견했습니다.

이에 따라 페이지 구성을 지연 로딩 방식으로 전환하고, 시각적 중요도가 낮은 요소는 스크롤 이후 로딩되도록 구조를 변경했습니다. 또한 API 호출 횟수를 줄여, 필요 데이터만 선별적으로 요청하는 방식으로 수정했습니다. 그 결과 별도의 서버 증설 없이도 평균 로딩 시간을 크게 줄일 수 있었고, 사용자는 별도 기능 지연이나 불편 없이 빠르게 콘텐츠에 접근할 수 있게 되었습니다. 접근성이 개선이 되면서 이탈률이 감소시키는데 기여할 수 있었습니다. 최종적으로 이탈률 개선 프로젝트는 우수 사례로 채택되었고, 사용자 피드백 점수도 최고점을 기록했습니다.

수치화가 가능한 부분은 대략적으로라도 전달해 보자!

높은 이탈률 발생, 꽤나 몰입도가 떨어진다, 크게 줄인다는 표현으로는 내 액션이 지닌 의미를 효과적으로 전달할 수 없다. 결괏값의 비교가 없다면 면접관의 입장에서는 해당 경험에 대해 믿을 수 있는 내용인지 의문이 들게 된다. 정확하지 않아도 좋으니 수치화가 가능한 부분은 얼마나?를 질문해 보면서 대략적인 수치를 넣어서 자소서를 다시 완성해 보자. 구체적인 숫자를 통해 면접관에게 '직무에 대한 준비를 이렇게 해왔어요!'라고 하는 신뢰성을 높일 수 있다.

면접관의 속마음 : 뭘 얼마나 해결을 했다는 거지?

> AFTER

[웹페이지 로딩 구조 변경을 통한 이탈률 2배 개선]

웹 서비스 기획 프로젝트에서, 특정 기능 페이지에서 발생하는 느린 로딩 속도로 인해 이탈률이 80% 발생했습니다. 기능상 오류는 없었지만, 실제 사용자 환경에서 반복 테스트를 통해 로딩 시간이 평균 2분 이상으로 몰입도가 크게 떨어졌습니다. 저희 팀의 병목 구간을 분석한 결과 필요한 모든 데이터를 첫 로딩 시에 한꺼번에 불러오는 구조, 비효율적인 API 호출 방식이 로딩 지연의 핵심 원인임을 발견했습니다.

이에 따라 페이지 구성을 지연 로딩 방식으로 전환하고, 시각적 중요도가 낮은 요소는 스크롤 이후 로딩되도록 구조를 변경했습니다. 또한 API 호출 횟수를 줄여, 필요 데이터만 선별적으로 요청하는 방식으로 수정했습니다. 그 결과 별도의 서버 증설 없이도 평균 로딩 시간을 1분 이내로 줄일 수 있었고, 사용자는 별도 기능 지연이나 불편 없이 빠르게 콘텐츠에 접근할 수 있게 되었습니다. 접근성이 개선이 되면서 이탈률을 40% 미만으로 감소시키는데 기여할 수 있었습니다. 최종적으로 이탈률 개선 프로젝트는 우수 사례로 채택되었고, 사용자 피드백 점수도 최고점을 기록했습니다.

5. 문제가 여러 개로 구성된 자소서(9%)

#신입 #아르바이트 #생산관리

BEFORE

[음료 제조 동선 개선으로 음료 제조시간 80% 단축]

카페 아르바이트 초반, 점심시간마다 신 메뉴 주문이 몰리면 제조 순서가 꼬여 주문이 늦어지면서 손님 대기 줄이 길어지는 일이 잦았습니다. 특히 얼음과 재료 준비를 주문 직전에 하다 보니 제조 속도가 떨어지고, 한 잔 만드는 데 5분 이상 걸리며 손님 불만이 발생했습니다. 불필요한 단계를 줄이기 위해 1주일 동안 주문량과 작업 흐름을 파악했습니다. 그 결과 수제청 에이드와 스무디와 같이 공정이 많은 음료가 전체 주문의 절반 이상을 차지하는 것을 알 수 있었습니다.

이후 얼음과 우유, 수제청 등 미리 배합을 인기 음료의 시럽은 미리 소분해놓아 빠르게 조립만 할 수 있도록 개선했습니다. 이 방식 덕분에 주문 지연이 줄고 대기 줄도 짧아졌습니다. 하지만 이후에는 재료를 과도하게 준비해 일부 시럽과 우유가 남아 폐기되는 문제가 발생했습니다. 이를 해결하기 위해 2주간 판매 데이터를 기록하고 요일별·시간대별 주문 패턴을 파악했습니다. 이를 바탕으로 재료 소모량 예측 표를 만들어 인기 음료와 비인기 음료의 재료 준비량을 구분해 조절했습니다. 그 결과, 재료 낭비 없이 주문이 몰리는 시간대에도 대기 없이 음료 제조를 무리 없이 처리할 수 있게 되었습니다.

핵심 문제에 집중하자!

경험을 하다보면 여러가지 문제가 발생할 수 있다. 그러나 시간의 흐름대로 내 경험을 전달할 경우, 면접관의 관점에서는 문제가 해결되었는데 또다른 문제가 나올 경우 어떤 포인트에 집중을 해야할지 집중이 흐려질 수 있다.
Result 달성에 있어서 가장 핵심적으로 해결해야했던 문제 하나를 전달해보자. 이후 면접에서 또다른 문제가 없었는지 질문이 들어올때 전달해도 괜찮다.
면접관의 속마음 : 제일 해결하고 싶은 문제가 뭐였지?

AFTER
[음료 제조 동선 개선으로 음료 제조시간 80% 단축]

카페 아르바이트 초반, 점심시간마다 <u>신 메뉴 주문이 몰리면 제조 순서가 꼬여 주문이 늦어지면서 손님 대기 줄이 길어지는 일이 잦았습니다.</u> 특히 얼음과 재료 준비를 주문 직전에 하다 보니 제조 속도가 떨어지고, 한 잔 만드는 데 5분 이상 걸리며 손님 불만이 발생했습니다. 불필요한 단계를 줄이기 위해 1주일 동안 주문량과 작업 흐름을 파악했습니다. 그 결과 수제청에이드와 스무디와 같이 공정이 많은 음료가 전체 주문의 절반 이상을 차지하는 것을 알 수 있었습니다.

출근 후 바로 얼음과 우유, 수제청 등 미리 배합을 맞춰 1일 필요량을 준비해 뒀습니다. 또한 소분해두고 바로 사용할 수 있게끔 에이드와 스무디 음료별로 준비를 해두었습니다. 또한 바뀐 음료 제조 방식이 아르바이트생 간 혼선을 불러일으키지 않도록 음료 제조 방법을 매뉴얼로 세팅해 둬서 눈높이에서 볼 수 있게 했습니다. 해당 방법이 적응될 수 있도록 미리 보여주면서 어떻게 시간이 단축될 수 있을지 프로세스를 설명했습니다. 그 결과, 대기 줄로 인해 손님들이 돌아가지 않도록 음료 제조를 처리할 수 있게 되었고 최종적으로 평균 처리시간을 1분 이내로 만들면서 80%를 단축시킬 수 있었습니다.

부록 3

셀프 자소서
첨삭 체크리스트

이 책의 프로세스를 충실히 따라왔고, AI를 활용해 문장을 구성하고 완성했다면, 이번 챕터는 굳이 깊게 들어가지 않아도 될 수 있다. 그러나 자소서는 기본적으로 비즈니스 문서이기 때문에 직접 글을 쓰는 경우, 반드시 점검하고 고려해야 할 핵심 포인트가 있다. 이때 필요한 것이 바로 '비즈니스 레터 체크리스트'이다. 이 체크리스트는 전문가의 관점과 오랜 경험을 바탕으로 잘 쓰인 자소서와 비즈니스 문서를 분석하여 개발한 것이다. 여러분의 자소서를 스스로 점검하거나 스터디를 통해 타인의 자소서를 피드백할 때도 유용하다. 체크리스트는 매우 강력한 도구이며, 전문가가 아닌 사람이라도 전문가 수준의 결과물을 만들어 줄 수 있다. 면접왕 이형의 시각을 반영한 체크리스트로 여러분의 자소서를 면접관의 기대 수준까지 끌어올려 보자.

비즈니스 레터 체크리스트

1	'질문에 대한 답'을 하고 있는가?
2	결론이 '근거'를 가지고 있는가?
3	소제목 또는 첫 문장이 '요약과 압축'이 되어있는가?
4	말하고자 하는 결론이 '서두에 배치' 되어있는가?
5	근거가 직무, 산업, 직장 중 한 가지와 '연결'되었는가?
6	한 개의 문단 또는 답변에서 '한 개의 메시지'로 답변했는가?
7	문장을 최대한 '짧게 구성'했는가?

질문에 대한
답을 하고 있는가?

질문에 대한 답이 아닌 내용은 사족이다. 질문과 직접적인 관련이 없는 문장은 전부 삭제하자.

첨삭 사례: 역량에 대한 질문을 했는데 기업 동향과 직무에 대한 설명을 전달하여 질문의 의도에 벗어난 사례

기출 질문: 지원 직무와 관련하여 가장 중요한 역량은 무엇이라고 생각하며, 해당 역량을 개발하기 위하여 어떤 노력을 기울였는지 작성해 주세요.

[답변] (Before) 꼼꼼한 분석력으로 OO공사의 투명성에 기여하겠습니다

> **(After) 예산 집행 프로세스 변경으로
> 운영비 28% 절감**

Before

최근 ○○공사의 성장계획에 따르면 투명성이 강조되고 있습니다. 투명성은 국민들의 신뢰를 바탕으로 운영되는 ○○공사에게 중요한 이념이자 키워드입니다. 이러한 투명성을 갖추기 위해서 재무회계 직무는 K-IFRS에 따른 지식을 함양하는 것이 중요합니다. 각종 세금과 회계기준이 명확해야 오류 없이 정확한 자금흐름의 집행이 가능하기 때문입니다. 따라서 저는 재무회계 직무와 관련해 가장 중요한 역량은 분석력이라고 생각합니다. 분석력 기반으로 숫자들을 검토하여 여러 이해관계자들이 의사결정을 할 수 있도록 도울 수 있기 때문입니다.

○○공사 재무관리팀 인턴으로 근무할 당시, 부서 운영비 집행 내역을 검토하던 중 월별 예산 소진이 최소 10%에서 최대 150%까지 일정하지 않 문제를 발견했습니다. 특히 회의실 비품 임차료가 한 달 평균 지출의 13%를 차지하는 비효율적인 구조였습니다. 1년 치 회계 장부를 임차비, 회의비, 교육비, 홍보비, 기타 비용 5개 항목으로 재분류해 항목별 증감률 분석을 진행했습니다.

→ 자소서 문항이 묻고 있는 바는 역량이라는 키워드인데 역량 외에 기업의 동향과 직무가 하는 일을 작성하는 것은 적합하지 않다. 묻는 바에 대한 간단한 한 줄을 작성하고 바로 나의 필살기 경험으로 구성하는 것이 좋다.

After   예산 집행 프로세스 변경으로 운영비 28% 절감

재무회계 직무에서 가장 중요한 역량은 분석력이라고 생각합니다. 분석력 기반으로 숫자들을 검토하여 여러 이해관계자들이 의사결정을 할 수 있도록 도울 수 있기 때문입니다.

분석력과 관련하여 ○○공사 재무관리팀 인턴으로 근무할 당시, 부서 운영비 집행 내역을 검토하던 중 월별 예산 소진율이 최소 10%에서 최대 150%까지 일정하지 않 문제를 발견했습니다. 특히 회의실 비품 임차료가 한 달 평균 지출의 13%를 차지하는 비효율적인 구조였습니다. 1년 치 회계 장부를 임차비, 회의비, 교육비, 홍보비, 기타 비용 5개 항목으로 재분류해 항목별 증감률 분석을 진행했습니다.

핵심 Point !

질문과 나의 글을 번갈아 가면서 보자. 내 글의 어떤 표현, 단어, 문장이 질문과 일치가 되고 불일치가 되는지를 체크해보자.

결론이 **근거**를 가지고 있는가?

당신의 모든 주장이 설득력 있는 근거를 가지고 있는가? 내가 제시한 결론, 성과, 생각, 철학, 깊이 등의 근거가 그저 나의 주장과 생각이면 안 된다. 객관적으로 제시할 수 있는 구체적인 근거가 있어야 한다. 수치화된 근거가 가장 정확하다. 이를 3C4P 프레임으로 정리해 보자.

Best Practice 사례 : 수치화된 결과물을 제시하여 근거가 잘 드러난 사례

기출 질문: 학업 외 가장 열정적이고 도전적으로 몰입하여 성과를 창출했거나 목표를 달성한 경험을 기술하시오.

[답변]

" 재고 관리 프로세스 개선으로 제품 정리 시간 40% 단축 "

올리브영 매장에서 오픈 타임에 화장품 진열을 담당했던 경험이 있습니다. 당시 이벤트마다 인기 상품의 재고 부족으로 진열대가 비어 있는 경우가 잦아, 재고 보충이 딜레이됨에 따라 고객이 매장 발걸음을 돌리는 문제가 있었습니다. 이를 개선하기 위해 인근 지점에서 제품 회전율이 빠르다는 후기가 있는 지점 직원들을 10명 인터뷰 했습니다. 그 결과, 카테고리 표로 재고를 관리하고 고객이 적은 시간대에 주기적으로 재고를 채워 넣는다는 것을 알게 되었습니다.

가장 먼저 카테고리별 재고표를 제작해 동료 아르바이트생에게 공유했습니다. 재고표에는 품목명, 입고량, 판매량을 한눈에 볼 수 있도록 표기했고, 동료들에게도 매대별로 소진된 수량을 기록하도록 전달했습니다. 또한, 그전의 문제가 되었던 소진이 가장 빠른 스킨케어, 메이크업, 헤어용품 제품들을 카테고리별로 구역을 재배치해 필요한 상품을 찾는 시간을 줄였습니다. <u>그 결과, 매일 1시간가량 걸리던 재고 점검 시간이 40% 단축되었고, 인기 상품의 품절 공백을 줄여 고객의 방문 이탈률까지 개선시킬 수 있습니다.</u>

→ 결론으로 제시하고 있는 재고관리 시간과, 고객 이탈을 해결했다는 근거를 해결 방법과, 해결 방법이 경쟁사 조사를 통해 기획되었음을 전달하고 있다.

핵심 Point!

내가 주장하는 문장과 근거가 되는 문장을 찾아보자. 근거가 되는 문장이 수치화된, 혹은 객관적인 근거를 제시했는지 체크해보자.

소제목 또는 첫 문장이 **요약과 압축**이 되어있는가?

   핵심이 요약과 압축되어 있는 소제목 또는 첫 문장은 면접관이 여러분의 글과 말에 더욱 주목하게 만든다.

   소제목 작성은 단번에 되는 것이 아니라 매일 전문기자들이 써놓은 것을 학습하고 연습해야 한다. 면접왕 이형 유튜브 영상을 가보면 경제신문-지원동기 관련 영상들이 있다. 지원동기 작성 전, 영상을 꼭 참고하기를 추천한다.

인문계 첨삭 사례

[답변]

(Before) 고객 니즈를 분석하여 타깃 고객 전환: 아이들에서 중장년층으로

(After)   " **시식이벤트 도입으로 중장년층 타깃 매출 200% 증가** "

→ 인문계열에서 주로 쓰는 단어가 고객 니즈, 분석으로 소제목이 시작된다. 해당 액션들은 면접관의 관점에서는 분석과 니즈 파악은 3C에 해당하는 내용일 가능성이 높다. 소제목은 나의 자소서를 한 줄만 봐도 어떤 내용으로 진행되었는지가 전달되어야 한다. 결과물 Product에 가장 영향을 끼친 HOW를 앞단에 제시하고 결과물을 반드시 전달하도록 하자.

이공계 첨삭 사례

[답변] (Before) 친환경 모빌리티 최적화 조건 수립을 통한 경량화 개발 성공

(After) " 이종 소재 및 드웰타임 공정 개선으로
부품 중량 25% 절감 "

→ 이공계열에서 주로 쓰는 단어가 최적화, 논문 00건 분석으로 소제목이 시작된다. 해당 액션들은 면접관의 관점에서는 3C에 해당하는 내용일 가능성이 높다. 최적화의 경우 최적화의 기준을 한 번 더 생각해야하기 때문에 어떤 것을 최적화시켰는지 구체적으로 적어주는 것이 좋다.

4P로 3초 만에 소제목 완성하기 (p.136)

Product	매출 3배 성장
Place	시즌 신상품 메뉴 3개 출시
Price	경쟁사 대비 10% 싼 가격 설정
Promotion	신상품 이미지로 3개의 POP 설치
→ 소제목	**시즌에 맞는 신상품 메뉴 출시로 매출 3배 성장**

 핵심 Point!

소제목 작성은 How+ Result

How는 구체적으로 내가 한 액션을 요약+압축하여 표현하고, Result는 수치화된 결과물을 제시하자!

말하고자 하는
결론이
서두에 배치되었는가?

    이게 가장 중요하다. 작성한 글 또는 말에 핵심 내용이 가장 앞부분에 배치되어야 한다. 면접관이 모든 자기소개서를 정성스럽게 읽어 줄 것이라고 대부분 착각하지만, 절대 아니다. 소제목 또는 한두 줄 정도 읽는 동안 핵심 내용이 보이지 않으면 그냥 넘어간다. 즉, 핵심 내용을 뒤쪽에 배치하는 순간, 읽히지 않을 확률이 높다. 여러분이 가장 강조하고 싶은 내용이 앞쪽에 드러나 있는지 점검해 보자.

Best Practice 사례 : 소제목과 첫 문장에서 수치화된 결론을 잘 제시한 사례
기출 질문 : 직무관련 성공경험

[답변]   **" 실시간 무물 캠페인으로 펫 용품 구매전환율 13% 상승 "**

반려동물용품 브랜드 마케팅팀 인턴으로 근무 당시, 노견 대상 SNS 구매 전환이 전 분기 대비 10% 감소하여 매출 부진의 어려움을 겪고

<u>있었습니다.</u> 이를 해결하기 위해 반려견 계정주가 있는 만 명 이상의 팔로워들을 보유한 인플루언서 10명을 조사했습니다. 조사 결과, 노견 관리 QNA로 단순 광고 제품 업로드보다 실시간 소통 QNA 콘텐츠가 팔로워 참여율을 크게 높인다는 것을 발견했습니다.

→ 소제목과 자소서 서두에서 수치화된 결론과 구매 전환이 얼마나 부진했는지 구체적인 숫자로 전달하여 신뢰성을 더하고 있다.

 핵심 Point!

소제목 혹은 첫 번째 문장을 통해 전체 내용을 요약해 주자.
이때에는 명확한 수치와 구체적인 표현을 사용하여 읽고 싶은 자소서를 만들자.

근거가
직무, 산업, 직장 중
한 가지와 **연결**되었는가?

취업의 우선순위를 '직무 > 산업 > 직장'이라고 설명했다. 직무와 연결되면 대부분의 질문에 답변 가능하다. 직무가 딱 연결되지 않는다면 산업과의 연계성을 강조하는 것도 방법이다. 또 지원 동기, 입사 후 포부는 직장에 연결되어야 한다.

질문에 따라 직무, 산업, 직장 중 어디에 포커스해야 하는지 생각하고, 그에 맞는 내용을 작성해 보자.

인문계 Best Practice 사례 :
지원하는 회사의 특성과 본인의 필살기를 잘 연결한 사례

지원 정보 : 직무 : 마케팅 / 산업 : 플랫폼 / 직장 : 고객의 후기 기반 텐츠 큐레이션을 강조하는 회사
기출 질문 : 우리 회사에 지원한 이유와 입사 후 이루고 싶은 꿈을 서술해 주세요.

사용자경험을 수익으로 전환하는 구조로
2030의 점유율 1위를 차지하는 기업

OO플레이스는 2030 자취를 시작한 사회초년생을 위한 내 공간을 채우고 꾸미는 과정에 함께하는 기업입니다. 특별히 '온라인 집들이'라는 컨셉을 통해 다양한 사람들의 아름다운 집을 사진으로 보여주고, 이를 통해 필요한 가구와 소품을 쉽게 소싱할 수 있는 '콘텐츠-커머스-커뮤니티 모델'을 그대로 구현한 점이 인상적이었습니다. 이를 통해 국내 점유율 1위, 누적 거래액이 2조원, 앱 다운로드가 2000만회를 달성했다는 점은 고객에게 꾸준히 사랑받아 왔다는 것을 보여주고 있습니다. 여기에서 그치지 않고 최근에는 '오 하우스' 서비스를 통해 미국 시장에도 진출하여 국제적으로 성장하고 있는 모습을 보여주고 있습니다. 이런 글로벌한 시각을 가진 기업이 미래에 더 큰 성장을 이룰 것이라고 확신하게 되어 지원하게 되었습니다.

이러한 OO플레이스에 성장에 기여하고자 2가지 경험을 준비했습니다. 랜딩페이지 상단에 고객의 후기를 배치하여 구매 전환율 30%를 상승시켰습니다. 고체형 디퓨저 실사용 후기 100건을 조사하여 고객들이 만족한 점을 상단에 배치한 점을 고객들의 구매로 이끌어낼 수 있었습니다. 또한 푸쉬마케팅에서 고객들의 페인포인트를 해소할 수 있는 문구를 통해 유입률을 15% 상승시켰습니다. 이 경험들을 바탕으로 2030 사회초년생들의 집꾸미 고민을 해결할 수 있는 인재가 되겠습니다.

→ 고객들의 실사용 후기, 페인포인트를 공략한 액션들이 있는 경험들을 필살기로 전달한다는 점에서 컨텐츠 큐레이션을 강조하는 직장의 특성과 연결성이 있는 근거라고 할 수 있다.

이공계 Best Practice 사례 :
직무역량과 본인의 필살기를 잘 연결한 사례

지원 정보 : 직무 : IT 개발 / 산업 : 게임 / 직장 : 특정 X
기출 질문 : 본인이 개발자로서 갖추고 있는 기술적 역량과 경험에 대해 구체적으로 서술해 주세요.

버그 대응 대시보드 구축으로
긴급 이슈 해결 시간 80% 단축

게임 회사 ○○스튜디오 인턴으로 근무하며, 신규 콘텐츠 업데이트 직후 특정 맵 진입 시 서버가 다운되는 버그가 발생 주 3회 발생했습니다. 이로인해 고객센터 문의가 폭주하며 유저 불만이 급격히 증가했습니다. 이 문제를 해결하기 위해 최근 6개월간 발생한 서버다운 이슈 150건을 전수 분석하고, QA 팀·CS팀·개발팀과 협업해 버그 발생부터 수정 완료까지의 프로세스를 파악했습니다. 분석 결과, 대응 과정이 매뉴얼화되지 않았고 각 부서 간 실시간 정보 공유가 되지 않아 서버다운이 될 경우 대응책이나 전담자가 없다는 것을 알게 되었습니다.

이를 해결하고자 가장 먼저 버그 대응 대시보드를 기획했습니다. 실시간 버그 리포트 집계가 될 수 있도록 유저 신고·QA 발견 버그를 한 곳에 통합해 심각도·발생빈도 기준으로 자동 분류가 되게 했습니다. 또한 버그 발생 시 실시간 알림을 위해 부서 간 핫라인 알림 시스템을 도입했습니다. 소통을 용이하게 하기 위해 부서별로 수정 상태 추적될 수 있도록 버그 상태(신규/분석 중/패치 완료)를 한눈에 확인할 수 있도록 시각화로 표현하였습니다. 마지막으로 사전 예방 로직을 추가하여 시스템 다운 전조현상이 나타날 때 담당 부서를 자동 태깅해 우선적으로 점검하도록 설정했습니다. <u>이 시스템을 도입한 결과, 서버 다운 버그 대응 시간이 기존 평균 10시간에서 2시간 이내로 단축(80% 감소)되었고, 안정적으로 게임 서버를 운영할 수 있게 되었습니다.</u>

버그 해결과 해결 시간 단축한 경험을 근거로 제시하고 있다. 이는 IT 개발자로서 직무와 높은 연관성을 가진 경험이라고 볼 수 있다.

→ 버그 해결과 해결 시간 단축한 경험을 근거로 제시하고 있다. 이는 IT 개발자로서 직무와 높은 연관성을 가진 경험이라고 볼 수 있다.

핵심 Point!

나의 주장의 근거가 되는 부분을 색칠해서 구분하고 내가 지원하는 직무, 산업, 직장과 연결성이 있는지 검토해 보자.

한 개의 문단 또는 답변에서 **한 개의 메세지로 답변**했는가?

한 개의 문에 "문제-해결-해결 중 또 다른 문제 발견-해결…" 등으로 너무 많은 내용을 담으면, 어느 것도 전달되지 않는다. 한 개의 문항, 한 개의 질문에 대한 답변을 할 때는, 메세지를 한 가지로 압축해서 전달하자.

첨삭 사례(Before) : 하나의 글에서 문제-해결-문제-해결로 작성한 사례
기출 질문 : 책임감을 가지고 문제를 해결했던 경험에 대해 서술해 주세요.

> Before
>
> ### 다단계 발효 공정으로 항산화 활성 37% 향상
>
> 졸업 실험에서 연속 발효 공정 시스템을 기능성 음료 제조에 적용해 항산화 활성을 진행한 경험이 있습니다. 초기 실험에서는 발효 후 항산화 활성 수치가 목표치의 8% 수준에 그쳐 공정 설계가 실패할 위기에 놓였습니다. 원인을 찾던 중, 발효 최적화 논문 분석을 통해 다단계 공정에서 미생물 간 상호작용이 효소 활성에 영향을 준다는 점을 파악했습니다.
>
> 관련 논문 12편을 비교 분석한 결과, 기존 단일 발효 대신 혼합 균주

를 활용한 동시 발효(Co-fermentation) 방식이 항산화 활성에 시너지를 낼 가능성이 높다는 결론을 얻었습니다. <u>해당 방법으로 실험을 진행하자, 항산화 활성은 37% 향상했고 음료의 색 안정성도 3.5% 개선되었습니다.</u>

그러나 8차례의 예비 실험을 거치는 동안 <u>항산화 수치의 변동 폭이 커서 결과가 불안정했습니다.</u> 원인 분석을 위해 선행 연구자를 찾아가 공정 설계부터 샘플링 단계까지 세부적으로 점검받은 끝에, 추출 공정 중 온도 편차가 효소 반응에 영향을 주고 있다는 사실을 발견했습니다. <u>이를 개선하기 위해 샘플링 온도를 표준화하고 발효 장치의 온도 유지 시스템을 보완하여 문제를 해결했습니다.</u>

→ 이미 2번째 문단에서 실험이 실패했다는 문제가 제시되고 해결이 되었다고 했는데 또다시 문제가 발생하여 중점적으로 무엇을 강조하고 싶은지가 드러나지 않는다. 실험의 과정에서는 문제가 해결되었다 또 발생하는 것이 자연스러운 흐름이겠지만 면접관에게는 실험 성공을 위해 가장 해결해야했던 우선순위가 높은 문제가 무엇이었는지에 초점을 맞춰서 다시 전달해보는 것이 좋다.

After

기출 질문 : 책임감을 가지고 문제를 해결했던 경험에 대해 서술해 주세요.

다단계 발효 공정으로 항산화 활성 37% 향상

졸업 실험에서 연속 발효 공정 시스템을 기능성 음료 제조에 적용해 항산화 활성을 진행한 경험이 있습니다. 초기 실험에서는 발효 후 항산화 활성 수치가 목표치의 8% 수준에 그쳐 공정 설계가 실패할 위기에 놓였습니다. 원인을 찾던 중, 발효 최적화 논문 분석을 통해 다단계 공정에서 미생물 간 상호작용이 효소 활성에 영향을 준다는 점을 파악했습니다. 관련 논문 12편을 비교 분석한 결과, 기존의 단일 발효보다 혼합 균주를 활용한 동시 발효 공정이 효소 활성과 항산화 물질 생산을 극대화할 수 있다는 사실을 발견했습니다.

우선 항산화 물질 합성을 극대화하기 위해 주요 유산균과 비피더스균을 2:1 비율로 혼합한 동시 발효 공정을 설계했습니다. 이후 발효 과정에서 균주 간 상호작용을 유도하기 위해 배지 내 포도당 농도를 1.5%로 유지하며 pH를 5.8로 고정해 최적 환경을 조성했습니다. 발효 진행 중에는 12시간마다 항산화 활성 중간 지표를 측정해 조건을 미세 조정했습니다. 또한 발효 종료 후에는 색 안정성과 맛 변화 등 품질 지표를 함께 평가했습니다. 이 공정을 적용한 결과, 항산화 활성 수치를 기존 단일 발효 대비 37% 향상시킬 수 있었습니다.

→ 항산화 수치 개선이라는 문제에 집중해서 자소서를 전개하고 있다. 문제를 한가지로 좁히고 이에 대한 액션을 소개해 나가자 훨씬 가독성 높은 경험으로 전달되고 있다.

 핵심 Point !

한 개의 키워드를 설정해 보자. 이에 맞지 않는 내용은 과감하게 버리고, 내용을 일관성 있게 재구성해 보자.

문장을 **최대한 짧게** 구성했는가?

　많은 사람들이 대부분 문장을 '쉼표(,)'로 연결하는 실수를 범한다. 소설이나 영화라면 재미있을지 모르지만 여러분의 글과 말이라면 혼란스러워진다. 문장을 최대한 짧게 자르자. '쉼표(,)'가 있는 부분을 기준으로 문장을 나누면 된다. 또 그 안에 들어가는 단어가 너무 어려우면 안 된다. 자소서, 면접 내용은 12살짜리 초등학생도 이해하기 쉽게 구성해야 함을 잊지 말자.

첨삭 사례 : 문장이 길고, 같은 단어를 반복하여 읽기 어려운 사례
자소서 항목 작성하기 / 기출 질문 : 직무 관련 경험

Before

연말정산 체크리스트 도입으로
연말정산 수령액 오류율 100% 감소

회계법인에서 지방자치단체 연말정산 업무를 지원한 경험이 있습니다. 당시 고객사 직원 300명 이상의 연말정산 수령액 계산 과정에서 오류가 약 20%의 빈도로 반복적으로 발생했고, 이로 인해 고객사 담당자가 한 건당 평균 3~4회 이상 수정 요청을 해야 했고, 수정이 거듭될수록 업무 효율성이 크게 떨어지는 상황이 이어졌습니다. 제출 서류를 전부 검토해 보면서 동일한 항목에서 반복적인 누락이 발생했고 누락의 원인은 직원들마다 무엇을 제출이 필수인지 구분이 되지 않는다는 것을 알게 되었습니다.

→ 문장이 3문장 분량이 한문장으로 구성되어 너무 길고, '수정'이라는 단어가 반복되고 있다.

After

연말정산 체크리스트 도입으로
연말정산 수령액 오류율 100% 감소

회계법인에서 지방자치단체 연말정산 업무 지원 당시, 고객사 직원 300명 이상의 연말정산 수령액 계산 과정에서 오류가 약 20% 빈도로 반복 발생하는 문제를 발견했습니다. 이로 인해 고객사 담당자가 평균 1건당 3~4회 이상 수정 요청을 해오는 등 업무 효율성이 크게 떨어지는 상황이었습니다. 제출 서류를 전부 검토해 보면서 동일한 항목에서 반복적인 누락이 발생했고 누락의 원인은 직원들마다 무엇을 제출이 필수인지 구분이 되지 않는다는 것을 알게 되었습니다.

이에 오류를 사전에 예방하기 위해 항목별 검토 포인트를 정리한 체크리스트(50개 항목)를 서류 요청 시 함께 전달했습니다. 체크리스트에는 고객사 자료에서 자주 발생한 오류 사례 기반으로 유형별 필수자료를 표기하고, 서류 준비 시 항목별 유의 사항을 포함시켜, 연말정산 신청 유형별로 확인할 수 있게 만들었습니다. 해당 체크리스트가 도입되었으니 함께 살펴볼 수 있도록 전사에 공지를 전달했습니다. 체크리스트를 도입하게 되면서 서류 검토를 위한 문의가 이전 대비 20% 줄일 수 있었습니다. 그 결과 연말정산 오지급을 이전 대비 100% 감소시킬 수 있었습니다.

 핵심 Point !

문장의 길이가 2줄을 넘어가는 게 있는지 체크해 보자. 친구에게 읽어 보고 이해가 안되는 부분을 밑줄 그어 달라고 부탁해보자.

부록 4

역량에 대한 이해

자기소개서와 면접 내용을 준비하기 전에 먼저 이해하면 좋은 것이 있다. 바로 역량에 대한 개념이다. 역량은 사실 구체화 되거나 정확하게 정의할 수 있는 내용이 아니라, 인사전문가들이 평가를 객관적으로 하고자 최대한 규정해 둔 개념이다. 그래서 같은 역량이라고 하더라도 기업마다 해석이 다르고, 평가의 기준이 달라질 수 있다. 또한, 어떤 것을 중요하게 보는가에 따라 요구 역량이 다 다르기 때문에, 역량을 이해하는 것은 중요하다.

역량에 대한 정의와 기준이 워낙 다양하기 때문에, 이 챕터에서는 취업과 이직을 준비하는 과정에서 꼭 이해하고 염두해두면 좋을 역량을 5가지로 정리하여 소개하고자 한다. 우리는 이를 '역량 구조도'라 부를 것이다.

역량 구조도란?

많은 사람들이 역량이라는 단어 자체를 어려워한다. 이해를 돕기 위해 아래의 표를 만들었다. 이를 염두에 두고 준비해 보자.

역량구조도

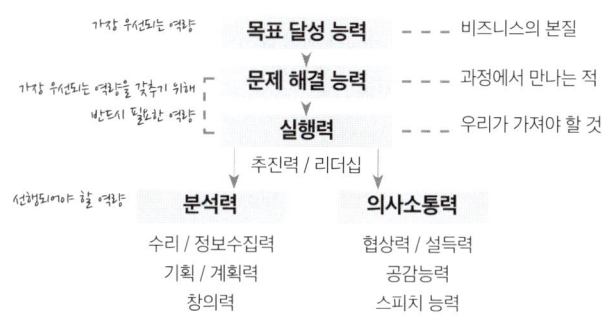

목표달성 능력

이것은 비즈니스에서 가장 우선되고 본질적인 역량이다. 어떤 직무와 산업군에 있든지 간에 반드시 갖춰야 한다. 모든 조직과 개인은 목표를 달성하기 위한 구성원으로서 존재한다. 다른 역량은 상대적으로 열후순위에 있다. 목표달성이 핵심이다.

목표를 달성한 경험은 어디에서도 사용 가능하다. 성공경험, 어려움 을 극복한 경험, 팀워크 문항 등 많은 부분을 해결할 수 있다. 스스로 목표를 세워 달성했던 경험을 찾아보자.

문제해결 능력

목표달성능력이 있는 사람은 목표를 향해서 끊임없이 전진한다. 그 과정에서 항상 '문제'를 마주한다. 때문에 문제해결능력을 어필하려면, 목표에 도전했던 경험이 먼저 있어야 한다. 이게 없으면 문제를 해결한 과정만을 설명하게 되는데, 이는 임팩트가 떨어진다. 또 문제해결의 큰 그림이 보이지 않기에 면접관이 파고들 틈이 너무 많아진다. 목표 달성의 길을 가로막는 '문제'라는 장애물을 어떻게 극복했다는 게 문제해결능력이다. 이 과정 가운데 아이디어, 의사소통능력 등 여러 가지가 사용될 수 있다. 목표달성능력과 더불어 문제를 해결한 경험을 적어보자.

실행력

문제를 해결하기 위해서는 '실행력'을 갖춰야 한다. 연구원, 영업, 마케팅,

기획 등 어떤 직무에 있던지 결국 실행력으로 귀결된다. 특히 여러분 같은 주니어는 더욱 그렇다. 시니어라면 전략적 사고, 전략적 의사결정이 더 중요하다. 하지만 신입사원과 중고신입, 5년 미만에 해당하는 경력을 가진 주니어라면 실행력에 주목하자. 무엇을 꾸준히 실행해서 달성한 경험을 적어보자. 실행력에는 추진력과 리더십이라는 두 가지 역량이 수반된다. 혼자 실행했다면 추진력, 여러 사람과 함께 했다면 리더십으로 설명된다. 결국에는 실행력 이라는 경험 안에, 추진력과 리더십이라는 역량이 같이 설명되는 것이다. 이를 잘 정리해 놓으면, '리더십을 발휘한 경험, 어떤 일을 열정적으로 추진한 경험에 대해 이야기 하시오.'와 같은 질문에 답변할 수 있다.

의사소통력, 분석력

실행력을 발휘하기·위해, 의사소통능력과 분석력이 선행돼야 한다. 이 두 가지 역량 없이는 과감히 실행하기가 어렵다. 어떤 일을 분석해 본 경험, 의사소통을 사용해 문제를 해결한 경험을 미리 정리해놓자. 그 내용을 자기소개서 문항과 면접 질문에 맞게 '필살기'로 만드는 것이다.

> ### 🧭 핵심 Point!
>
> 비즈니스를 구성하는 역량은 수없이 많지만, 결국 역량구조도의 5가지로 귀결된다. 여러분의 경험을 역량으로 설명할 때 5가지의 단어와 매칭해서 설명하는 것도 생각해 보자. 훨씬 개념 정의와 포장이 자연스러울 것이다.

: OUTRO :
할 수 있다. 진짜 할 수 있다.

『자소서 바이블 3.0』이 이렇게 마무리됐다. 1.0 버전을 지나 2.0 버전, 이제는 AI 시대에 맞춰 완벽히 업그레이드된 3.0 버전을 선보였다. 자소서를 어떻게 써야 할지 몰라 어려워하는 수많은 취준생들과 소통하고 공감하면서 여기까지 달려왔다. 쉬운 길은 아니었지만, 독자 여러분이 지금 이 책을 읽고 있다는 것은 분명 아직 포기하지 않았다는 증거이다.

취업 시장은 앞으로도 계속 변할 것이다. 아마 더 어려워지고 복잡해질지도 모른다. 하지만 다시 강조하고 싶은 것이 있다. 우리는 분명히 할 수 있다. 어려움은 항상 존재하지만, 그것을 뛰어넘는 방법 역시 분명히 존재한다. 지난 몇 년간 우리 팀은 수천 명의 취준생들을 만나면서 다양한 문제를 연구하고 해결해 왔다. AI가 채용에 도입되면서 취업 시장은 더 엄격하고 날카로워졌지만, 바로 그 AI를 우리가 제대로 활용하면 새로운 기회를 얻을 수 있다는 점도 확인했다.

이 책에서 제시한 3C4P 프레임, 필살기 개념, 그리고 AI 활용법을 통해 여러분은 스스로의 경험을 누구보다도 명확하게 정리하고, 자신감을 갖고 도전할 수 있게 될 것이다. 단지 자소서만을 위한 매뉴얼이 아니라, 앞으로 여러분의 직장 생활, 커리어 성장에도 지속적으로 도움을 줄 수 있는 길잡이가 될 것이다.

기억하자. AI를 활용한다고 해서 AI에 의존하는 것이 아니라, AI를 통해 내 경험을 더 명확하게 바라보고 자신만의 경쟁력을 키워가는 것이다. AI 시대의 취업 전략은 여러분이 가진 가치를 더 객관적으로 증명하는 것이 핵심이다. 이번 3.0 버전은 바로 이런 관점을 온전히 담아냈다.

힘들고 지칠 때가 올 수도 있다. 서류에서 탈락하거나 면접에서 떨어질 수도 있다. 그때마다 이 책을 다시 꺼내 읽고, 여기서 제안한 방법들을 다시 따라 해 보길 권한다. 작은 성공 경험을 하나씩 쌓으며 다시 자신감을 회복하자. 여러분은 결코 혼자가 아니다. 체인지업 커뮤니티, 유튜브 스트리밍, 오카방, NLT AI 시스템 등 여러분을 돕기 위한 강력한 시스템들이 준비되어 있다.

여러분은 충분히 할 수 있다. 우리가 여기까지 와서 포기하지 않고 끊임없이 업그레이드하며 버전 3.0을 완성했듯이, 여러분도 절대 포기하지 말고 끝까지 가보자.

작은 성공부터 시작해 보자. 반드시 할 수 있다.
새 마음, 새 생각, 새 전략으로 다시 한번 힘차게 돌파하자!
우리는 항상 당신을 믿고 응원한다.

당신은 반드시 할 수 있다.

자소서 바이블 3.0 (THE JASOSEO BIBLE 3.0)

초판 1쇄 발행	2019년 05월 16일
개정3판 2쇄 발행	2025년 11월 15일

지은이	이준희 (LEE HYUNG)
출판사	주식회사 얼라이브커뮤니티
출판 브랜드	Alivebooks
주소	주소 경기 과천시 뒷골 1로 24
이메일	official@alivecommunity.co.kr

기획 및 책임 편집 | 이준희, 이슬

디자인 | 박은혜

교정·교열 | 이주아, 이슬